SUECO
VOCABULÁRIO

I0232641

PORTUGUÊS BRASILEIRO

PORTUGUÊS
SUECO

Para alargar o seu léxico e apurar
as suas competências linguísticas

5000 palavras

Vocabulário Português Brasileiro-Sueco - 5000 palavras

Por Andrey Taranov

Os vocabulários da T&P Books destinam-se a ajudar a aprender, a memorizar, e a rever palavras estrangeiras. O dicionário é dividido em temas, cobrindo todas as principais esferas de atividades quotidianas, negócios, ciência, cultura, etc.

O processo de aprendizagem, utilizando os dicionários baseados em temáticas da T&P Books dá-lhe as seguintes vantagens:

- Informação de origem corretamente agrupada predetermina o sucesso em fases subsequentes da memorização de palavras
- Disponibilização de palavras derivadas da mesma raiz, o que permite a memorização de unidades de texto (em vez de palavras separadas)
- Pequenas unidades de palavras facilitam o processo de estabelecimento de vínculos associativos necessários para a consolidação do vocabulário
- O nível de conhecimento da língua pode ser estimado pelo número de palavras aprendidas

T&P Books Publishing
www.tpbooks.com

ISBN: 978-1-78767-399-1

Este livro também está disponível em formato E-book.
Por favor visite www.tpbooks.com ou as principais livrarias on-line.

VOCABULÁRIO SUECO
palavras mais úteis

Os vocabulários da T&P Books destinam-se a ajudar a aprender, a memorizar, e a rever palavras estrangeiras. O vocabulário contém mais de 5000 palavras de uso comum organizadas tematicamente.

O vocabulário contém as palavras mais comummente usadas
Recomendado como adicional para qualquer curso de línguas
Satisfaz as necessidades dos iniciados e dos alunos avançados de línguas estrangeiras
Conveniente para o uso diário, sessões de revisão e atividades de auto-teste
Permite avaliar o seu vocabulário

Características especias do vocabulário

• As palavras estão organizadas de acordo com o seu significado, e não por ordem alfabética
• As palavras são apresentadas em três colunas para facilitar os processos de revisão e auto-teste
• As palavras compostas são divididas em pequenos blocos para facilitar o processo de aprendizagem
• O vocabulário oferece uma transcrição simples e adequada de cada palavra estrangeira

O vocabulário contém 155 tópicos incluindo:

Conceitos básicos, Números, Cores, Meses, Estações do ano, Unidades de medida, Roupas & Acessórios, Alimentos & Nutrição, Restaurante, Membros da Família, Parentes, Caráter, Sentimentos, Emoções, Doenças, Cidade, Passeios, Compras, Dinheiro, Casa, Lar, Escritório, Trabalho no Escritório, Importação & Exportação, Marketing, Pesquisa de Emprego, Esportes, Educação, Computador, Internet, Ferramentas, Natureza, Países, Nacionalidades e muito mais …

TABELA DE CONTEÚDOS

GUIA DE PRONUNCIAÇÃO

Letra	Exemplo Sueco	Alfabeto fonético T&P	Exemplo Português
Aa	bada	[ɑ], [ɑ:]	amar
Bb	tabell	[b]	barril
Cc [1]	licens	[s]	sanita
Cc [2]	container	[k]	aquilo
Dd	andra	[d]	dentista
Ee	efter	[e]	metal
Ff	flera	[f]	safári
Gg [3]	gömma	[j]	Vietnã
Gg [4]	truga	[g]	gosto
Hh	handla	[h]	[h] aspirada
Ii	tillhöra	[i:], [ɪ]	cair
Jj	jaga	[j]	Vietnã
Kk [5]	keramisk	[ɕ]	shiatsu
Kk [6]	frisk	[k]	aquilo
Ll	tal	[l]	libra
Mm	medalj	[m]	magnólia
Nn	panik	[n]	natureza
Oo	tolv	[ɔ]	emboço
Pp	plommon	[p]	presente
Qq	squash	[k]	aquilo
Rr	spelregler	[r]	riscar
Ss	spara	[s]	sanita
Tt	tillhöra	[t]	tulipa
Uu	ungefär	[u], [ʉ:]	coelho
Vv	overall	[v]	fava
Ww [7]	kiwi	[w]	página web
Xx	sax	[ks]	perplexo
Yy	manikyr	[y], [y:]	trabalho
Zz	zoolog	[s]	sanita
Åá	sångare	[ə]	milagre
Ää	tandläkare	[æ]	semana
Öö	kompositör	[ø]	orgulhoso

Combinações de letras

Ss [8]	sjösjuka	[ʃ]	mês
sk [9]	skicka	[ʃ]	mês
s [10]	först	[ʃ]	mês
Jj [11]	djärv	[j]	Vietnã
Lj [12]	ljus	[j]	Vietnã

9

Letra	Exemplo Sueco	Alfabeto fonético T&P	Exemplo Português
kj, tj	kjol	[ɕ]	shiatsu
ng	omkring	[ŋ]	alcançar

Comentários

[*] kj pronuncia-se como □
[**] ng transfere um som nasal
[1] antes de e, i, y
[2] noutras situações
[3] antes de e, i, ä, ö
[4] noutras situações
[5] antes de e, i, ä, ö
[6] noutras situações
[7] em estrangeirismos
[8] em sj, skj, stj
[9] antes de e, i, y, ä, ö acentuados
[10] na combinação rs
[11] em dj, hj, gj, kj
[12] no início de palavras

ABREVIATURAS
usadas no vocabulário

Abreviaturas do Português

adj	-	adjetivo
adv	-	advérbio
anim.	-	animado
conj.	-	conjunção
desp.	-	esporte
etc.	-	Etcetera
ex.	-	por exemplo
f	-	nome feminino
f pl	-	feminino plural
fem.	-	feminino
inanim.	-	inanimado
m	-	nome masculino
m pl	-	masculino plural
m, f	-	masculino, feminino
masc.	-	masculino
mat.	-	matemática
mil.	-	militar
pl	-	plural
prep.	-	preposição
pron.	-	pronome
sb.	-	sobre
sing.	-	singular
v aux	-	verbo auxiliar
vi	-	verbo intransitivo
vi, vt	-	verbo intransitivo, transitivo
vr	-	verbo reflexivo
vt	-	verbo transitivo

Abreviaturas do Sueco

pl	-	plural

Artigos do Sueco

den	-	gênero comum
det	-	neutro

| **en** | - | gênero comum |
| **ett** | - | neutro |

CONCEITOS BÁSICOS

Conceitos básicos. Parte 1

1. Pronomes

eu	jag	['ja:]
você	du	[dʉ:]
ele	han	['han]
ela	hon	['hʊn]
ele, ela (neutro)	det, den	[dɛ], [dɛn]
nós	vi	['vi]
vocês	ni	['ni]
eles, elas	de	[de:]

2. Cumprimentos. Saudações. Despedidas

Oi!	Hej!	['hɛj]
Olá!	Hej! Hallå!	['hɛj], [ha'lʲo:]
Bom dia!	God morgon!	[ˌgʊd 'mɔrgɔn]
Boa tarde!	God dag!	[ˌgʊd 'dag]
Boa noite!	God kväll!	[ˌgʊd 'kvɛlʲ]
cumprimentar (vt)	att hälsa	[at 'hɛlʲsa]
Oi!	Hej!	['hɛj]
saudação (f)	hälsning (en)	['hɛlʲsniŋ]
saudar (vt)	att hälsa	[at 'hɛlʲsa]
Como você está?	Hur står det till?	[hʉr sto: de 'tilʲ]
Como vai?	Hur är det?	[hʉr ɛr 'de:]
E aí, novidades?	Vad är nytt?	[vad æ:r 'nʏt]
Tchau!	Adjö! Hej då!	[a'jø:], [hɛj'do:]
Até logo!	Hej då!	[hɛj'do:]
Até breve!	Vi ses!	[vi ses]
Adeus!	Adjö! Farväl!	[a'jø:], [far'vɛ:lʲ]
despedir-se (dizer adeus)	att säga adjö	[at 'sɛːja a'jø:]
Até mais!	Hej då!	[hɛj'do:]
Obrigado! -a!	Tack!	['tak]
Muito obrigado! -a!	Tack så mycket!	['tak sɔ 'mʏkə]
De nada	Varsågod	['vaːʂoːgʊd]
Não tem de quê	Ingen orsak!	['iŋən 'ʊːʂak]
Não foi nada!	Ingen orsak!	['iŋən 'ʊːʂak]
Desculpa!	Ursäkta, ...	['ʉːˌʂɛkta ...]
Desculpe!	Ursäkta mig, ...	['ʉːˌʂɛkta mɛj ...]

desculpar (vt)	att ursäkta	[at 'ʉːˌʂɛkta]
desculpar-se (vr)	att ursäkta sig	[at 'ʉːˌʂɛkta sɛj]
Me desculpe	Jag ber om ursäkt	[ja ber ɔm 'ʉːˌʂɛkt]
Desculpe!	Förlåt!	[fœ:'lʲoːt]
perdoar (vt)	att förlåta	[at 'fœːˌlʲoːta]
Não faz mal	Det gör inget	[dɛ jør 'iŋet]
por favor	snälla	['snɛla]
Não se esqueça!	Glöm inte!	['glʲøːm 'intə]
Com certeza!	Naturligtvis!	[na'tʉrligvis]
Claro que não!	Självklart inte!	['ɧɛlʲvklʲaʈ 'intə]
Está bem! De acordo!	OK! Jag håller med.	[ɔ'kej] , [ja 'hoːlʲer me]
Chega!	Det räcker!	[dɛ 'rɛkə]

3. Como se dirigir a alguém

Desculpe …	Ursäkta, …	['ʉːˌʂɛkta …]
senhor	herr	['hɛr]
senhora	frun	['frʉːn]
senhorita	fröken	['frøːkən]
jovem	unge man	['uŋə ˌman]
menino	pojke	['pɔjkə]
menina	flicka	['flika]

4. Números cardinais. Parte 1

zero	noll	['nɔlʲ]
um	ett	[ɛt]
dois	två	['tvoː]
três	tre	['treː]
quatro	fyra	['fyra]
cinco	fem	['fem]
seis	sex	['sɛks]
sete	sju	['ɧʉː]
oito	åtta	['ota]
nove	nio	['niːʊ]
dez	tio	['tiːʊ]
onze	elva	['ɛlʲva]
doze	tolv	['tɔlʲv]
treze	tretton	['trɛttɔn]
catorze	fjorton	['fjʊːʈɔn]
quinze	femton	['fɛmtɔn]
dezesseis	sexton	['sɛkstɔn]
dezessete	sjutton	['ɧʉːttɔn]
dezoito	arton	['aːʈɔn]
dezenove	nitton	['niːttɔn]
vinte	tjugo	['ɕʉgʊ]
vinte e um	tjugoett	['ɕʉgʊˌɛt]

| vinte e dois | tjugotvå | ['ɕɵgɵˌtvo:] |
| vinte e três | tjugotre | ['ɕɵgɵˌtre:] |

trinta	trettio	['trɛttiɵ]
trinta e um	trettioett	['trɛttiɵˌɛt]
trinta e dois	trettiotvå	['trɛttiɵˌtvo:]
trinta e três	trettiotre	['trɛttiɵˌtre:]

quarenta	fyrtio	['fœ:ʈiɵ]
quarenta e um	fyrtioett	['fœ:ʈiɵˌɛt]
quarenta e dois	fyrtiotvå	['fœ:ʈiɵˌtvo:]
quarenta e três	fyrtiotre	['fœ:ʈiɵˌtre:]

cinquenta	femtio	['fɛmtiɵ]
cinquenta e um	femtioett	['fɛmtiɵˌɛt]
cinquenta e dois	femtiotvå	['fɛmtiɵˌtvo:]
cinquenta e três	femtiotre	['fɛmtiɵˌtre:]

sessenta	sextio	['sɛkstiɵ]
sessenta e um	sextioett	['sɛkstiɵˌɛt]
sessenta e dois	sextiotvå	['sɛkstiɵˌtvo:]
sessenta e três	sextiotre	['sɛkstiɵˌtre:]

setenta	sjuttio	['ɧuttiɵ]
setenta e um	sjuttioett	['ɧuttiɵˌɛt]
setenta e dois	sjuttiotvå	['ɧuttiɵˌtvo:]
setenta e três	sjuttiotre	['ɧuttiɵˌtre:]

oitenta	åttio	['ottiɵ]
oitenta e um	åttioett	['ottiɵ'ɛt]
oitenta e dois	åttiotvå	['ottiɵˌtvo:]
oitenta e três	åttiotre	['ottiɵˌtre:]

noventa	nittio	['nittiɵ]
noventa e um	nittioett	['nittiɵˌɛt]
noventa e dois	nittiotvå	['nittiɵˌtvo:]
noventa e três	nittiotre	['nittiɵˌtre:]

5. Números cardinais. Parte 2

cem	hundra (ett)	['hundra]
duzentos	tvåhundra	['tvo:ˌhundra]
trezentos	trehundra	['treˌhundra]
quatrocentos	fyrahundra	['fyraˌhundra]
quinhentos	femhundra	['femˌhundra]

seiscentos	sexhundra	['sɛksˌhundra]
setecentos	sjuhundra	['ɧʉ:ˌhundra]
oitocentos	åttahundra	['otaˌhundra]
novecentos	niohundra	['niɵˌhundra]

mil	tusen (ett)	['tʉ:sən]
dois mil	tvåtusen	['tvo:ˌtʉ:sən]
três mil	tretusen	['tre:ˌtʉ:sən]

dez mil	tiotusen	['ti:ʊˌtʉ:sən]
cem mil	hundratusen	['hundraˌtʉ:sən]
um milhão	miljon (en)	[mi'ljʊn]
um bilhão	miljard (en)	[mi'lja:d]

6. Números ordinais

primeiro (adj)	första	['fœ:ʂta]
segundo (adj)	andra	['andra]
terceiro (adj)	tredje	['trɛdjə]
quarto (adj)	fjärde	['fjæ:ɖə]
quinto (adj)	femte	['fɛmtə]

sexto (adj)	sjätte	['ɧæ:tə]
sétimo (adj)	sjunde	['ɧundə]
oitavo (adj)	åttonde	['ottɔndə]
nono (adj)	nionde	['ni:ˌʊndə]
décimo (adj)	tionde	['ti:ˌɔndə]

7. Números. Frações

fração (f)	bråk (ett)	['bro:k]
um meio	en halv	[en 'halʲv]
um terço	en tredjedel	[en 'trɛdjəˌdelʲ]
um quarto	en fjärdedel	[en 'fjæ:ɖəˌdelʲ]

um oitavo	en åttondedel	[en 'otɔndeˌdelʲ]
um décimo	en tiondedel	[en 'ti:ɔndeˌdelʲ]
dois terços	två tredjedelar	['tvo: 'trɛdjəˌdelʲar]
três quartos	tre fjärdedelar	[tre: 'fjæ:ɖeˌdelʲar]

8. Números. Operações básicas

subtração (f)	subtraktion (en)	[subtrak'ɧʊn]
subtrair (vi, vt)	att subtrahera	[at subtra'hera]
divisão (f)	division (en)	[divi'ɧʊn]
dividir (vt)	att dividera	[at divi'dera]

adição (f)	addition (en)	[adi'ɧʊn]
somar (vt)	att addera	[at a'de:ra]
adicionar (vt)	att addera	[at a'de:ra]
multiplicação (f)	multiplikation (en)	[mʉlʲtiplika'ɧʊn]
multiplicar (vt)	att multiplicera	[at mulʲtipli'sera]

9. Números. Diversos

| algarismo, dígito (m) | siffra (en) | ['sifra] |
| número (m) | tal (ett) | ['talʲ] |

numeral (m)	räkneord (ett)	['rɛkneˌʊːd]
menos (m)	minus (ett)	['minus]
mais (m)	plus (ett)	['plʉs]
fórmula (f)	formel (en)	['fɔrməlʲ]

cálculo (m)	beräkning (en)	[be'rɛkniŋ]
contar (vt)	att räkna	[at 'rɛkna]
calcular (vt)	att beräkna	[at be'rɛkna]
comparar (vt)	att jämföra	[at 'jɛmˌføra]

| Quanto? | Hur mycket? | [hʉr 'mʏkə] |
| Quantos? -as? | Hur många? | [hʉr 'mɔŋa] |

soma (f)	summa (en)	['suma]
resultado (m)	resultat (ett)	[resulʲ'tat]
resto (m)	rest (en)	['rɛst]

alguns, algumas ...	flera	['flʲera]
poucos, poucas	få, inte många	['foː], ['intə ˌmɔŋa]
um pouco de ...	lite	['litə]
resto (m)	det övriga	[dɛ øv'riga]
um e meio	halvannan	[halʲ'vanan]
dúzia (f)	dussin (ett)	['dusin]

ao meio	i hälften	[i 'hɛlʲftən]
em partes iguais	jämnt	['jɛmnt]
metade (f)	halva (en)	['halʲˌva]
vez (f)	gång (en)	['gɔŋ]

10. Os verbos mais importantes. Parte 1

abrir (vt)	att öppna	[at 'øpna]
acabar, terminar (vt)	att sluta	[at 'slʉːta]
aconselhar (vt)	att råda	[at 'roːda]
adivinhar (vt)	att gissa	[at 'jisa]
advertir (vt)	att varna	[at 'vaːɳa]

ajudar (vt)	att hjälpa	[at 'jɛlʲpa]
almoçar (vi)	att äta lunch	[at 'ɛːta ˌlʉnɕ]
alugar (~ um apartamento)	att hyra	[at 'hyra]
amar (pessoa)	att älska	[at 'ɛlʲska]
ameaçar (vt)	att hota	[at 'hʊta]

anotar (escrever)	att skriva ner	[at 'skriva ner]
apressar-se (vr)	att skynda sig	[at 'ɦʏnda sɛj]
arrepender-se (vr)	att beklaga	[at be'klʲaga]
assinar (vt)	att underteckna	[at 'undəˌtɛkna]
brincar (vi)	att skämta, att skoja	[at 'ɦɛmta], [at 'skɔja]

brincar, jogar (vi, vt)	att leka	[at 'lʲeka]
buscar (vt)	att söka ...	[at 'søːka ...]
caçar (vi)	att jaga	[at 'jaga]
cair (vi)	att falla	[at 'falʲa]
cavar (vt)	att gräva	[at 'grɛːva]

chamar (~ por socorro)	att tillkalla	[at 'tilˌkalʲa]
chegar (vi)	att ankomma	[at 'aŋˌkoma]
chorar (vi)	att gråta	[at 'groːta]
começar (vt)	att begynna	[at be'jina]
comparar (vt)	att jämföra	[at 'jɛmˌføra]
concordar (dizer "sim")	att samtycka	[at 'samˌtʏka]

confiar (vt)	att lita på	[at 'lita pɔ]
confundir (equivocar-se)	att förväxla	[at før'vɛkslʲa]
conhecer (vt)	att känna	[at 'ɕɛna]
contar (fazer contas)	att räkna	[at 'rɛkna]
contar com …	att räkna med …	[at 'rɛkna me …]
continuar (vt)	att fortsätta	[at 'futˌsæta]

controlar (vt)	att kontrollera	[at kɔntrɔ'lʲera]
convidar (vt)	att inbjuda, att invitera	[at in'bjɵːda], [at invi'tera]
correr (vi)	att löpa, att springa	[at 'lʲøːpa], [at 'spriŋa]
criar (vt)	att skapa	[at 'skapa]
custar (vt)	att kosta	[at 'kɔsta]

11. Os verbos mais importantes. Parte 2

dar (vt)	att ge	[at jeː]
dar uma dica	att ge en vink	[at jeː en 'viŋk]
decorar (enfeitar)	att pryda	[at 'pryda]
defender (vt)	att försvara	[at fœ:'ʂvara]
deixar cair (vt)	att tappa	[at 'tapa]

descer (para baixo)	att gå ned	[at 'goː ˌned]
desculpar (vt)	att ursäkta	[at 'ɵːˌʂɛkta]
desculpar-se (vr)	att ursäkta sig	[at 'ɵːˌʂɛkta sɛj]
dirigir (~ uma empresa)	att styra, att leda	[at 'styra], [at 'lʲeda]
discutir (notícias, etc.)	att diskutera	[at diskɵ'tera]

disparar, atirar (vi)	att skjuta	[at 'ɧɵːta]
dizer (vt)	att säga	[at 'sɛːja]
duvidar (vt)	att tvivla	[at 'tvivlʲa]
encontrar (achar)	att finna	[at 'fina]
enganar (vt)	att fuska	[at 'fɵska]

entender (vt)	att förstå	[at fœ:'ʂtoː]
entrar (na sala, etc.)	att komma in	[at 'kɔma 'in]
enviar (uma carta)	att skicka	[at 'ɧika]
errar (enganar-se)	att göra fel	[at 'jøːra ˌfelʲ]
escolher (vt)	att välja	[at 'vɛlja]

esconder (vt)	att gömma	[at 'jœma]
escrever (vt)	att skriva	[at 'skriva]
esperar (aguardar)	att vänta	[at 'vɛnta]
esperar (ter esperança)	att hoppas	[at 'hɔpas]
esquecer (vt)	att glömma	[at 'glʲœma]

estudar (vt)	att studera	[at stu'dera]
exigir (vt)	att kräva	[at 'krɛːva]

| existir (vi) | att existera | [at ɛksi'stera] |
| explicar (vt) | att förklara | [at før'klʲara] |

falar (vi)	att tala	[at 'talʲa]
faltar (a la escuela, etc.)	att missa	[at 'misa]
fazer (vt)	att göra	[at 'jøːra]
ficar em silêncio	att tiga	[at 'tiga]
gabar-se (vr)	att skryta	[at 'skryta]

gostar (apreciar)	att gilla	[at 'jilʲa]
gritar (vi)	att skrika	[at 'skrika]
guardar (fotos, etc.)	att behålla	[at be'hoːlʲa]
informar (vt)	att informera	[at infor'mera]
insistir (vi)	att insistera	[at insi'stera]

insultar (vt)	att förolämpa	[at 'førʊˌlʲɛmpa]
interessar-se (vr)	att intressera sig	[at intrɛ'sera sɛj]
ir (a pé)	att gå	[at 'goː]
ir nadar	att bada	[at 'bada]
jantar (vi)	att äta kvällsmat	[at 'ɛːta 'kvɛlʲsˌmat]

12. Os verbos mais importantes. Parte 3

ler (vt)	att läsa	[at 'lʲɛːsa]
libertar, liberar (vt)	att befria	[at be'fria]
matar (vt)	att döda, att mörda	[at 'døːda], [at 'møːɖa]
mencionar (vt)	att omnämna	[at 'ɔmˌnɛmna]
mostrar (vt)	att visa	[at 'visa]

mudar (modificar)	att ändra	[at 'ɛndra]
nadar (vi)	att simma	[at 'sima]
negar-se a ... (vr)	att vägra	[at 'vɛgra]
objetar (vt)	att invända	[at 'inˌvɛnda]

observar (vt)	att observera	[at ɔbsɛr'vera]
ordenar (mil.)	att beordra	[at be'oːɖra]
ouvir (vt)	att höra	[at 'høːra]
pagar (vt)	att betala	[at be'talʲa]
parar (vi)	att stanna	[at 'stana]

parar, cessar (vt)	att sluta	[at 'slʉːta]
participar (vi)	att delta	[at 'dɛlʲta]
pedir (comida, etc.)	att beställa	[at be'stɛlʲa]
pedir (um favor, etc.)	att be	[at 'beː]
pegar (tomar)	att ta	[at ta]

pegar (uma bola)	att fånga	[at 'fɔŋa]
pensar (vi, vt)	att tänka	[at 'tɛŋka]
perceber (ver)	att märka	[at 'mæːrka]
perdoar (vt)	att förlåta	[at 'fœːˌlʲoːta]
perguntar (vt)	att fråga	[at 'froːga]

| permitir (vt) | att tillåta | [at 'tilʲoːta] |
| pertencer a ... (vi) | att tillhöra ... | [at 'tilʲˌhøːra ...] |

planejar (vt)	att planera	[at plʲa'nera]
poder (~ fazer algo)	att kunna	[at 'kuna]
possuir (uma casa, etc.)	att besitta, att äga	[at be'sita], [at 'ɛ:ga]

preferir (vt)	att föredra	[at 'førǝdra]
preparar (vt)	att laga	[at 'lʲaga]
prever (vt)	att förutse	[at 'førʉt‚sǝ]
prometer (vt)	att lova	[at 'lʲova]
pronunciar (vt)	att uttala	[at 'ʉt‚talʲa]

propor (vt)	att föreslå	[at 'førǝ‚slʲo:]
punir (castigar)	att straffa	[at 'strafa]
quebrar (vt)	att bryta	[at 'bryta]
queixar-se de ...	att klaga	[at 'klʲaga]
querer (desejar)	att vilja	[at 'vilja]

13. Os verbos mais importantes. Parte 4

ralhar, repreender (vt)	att skälla	[at 'ɧɛlʲa]
recomendar (vt)	att rekommendera	[at rekɔmǝn'dera]
repetir (dizer outra vez)	att upprepa	[at 'uprepa]
reservar (~ um quarto)	att reservera	[at resɛr'vera]
responder (vt)	att svara	[at 'svara]

rezar, orar (vi)	att be	[at 'be:]
rir (vi)	att skratta	[at 'skrata]
roubar (vt)	att stjäla	[at 'ɧɛ:lʲa]
saber (vt)	att veta	[at 'veta]
sair (~ de casa)	att gå ut	[at 'go: ʉt]

salvar (resgatar)	att rädda	[at 'rɛda]
seguir (~ alguém)	att följa efter ...	[at 'følja 'ɛftǝr ...]
sentar-se (vr)	att sätta sig	[at 'sæta sɛj]
ser necessário	att vara behövd	[at 'vara be'hø:vd]

ser, estar	att vara	[at 'vara]
significar (vt)	att betyda	[at be'tyda]
sorrir (vi)	att småle	[at 'smo:lʲe]
subestimar (vt)	att underskatta	[at 'undǝ‚skata]
surpreender-se (vr)	att bli förvånad	[at bli før'vo:nad]

tentar (~ fazer)	att pröva	[at 'prø:va]
ter (vt)	att ha	[at 'ha]
ter fome	att vara hungrig	[at 'vara 'huŋrig]

ter medo	att frukta	[at 'frʉkta]
ter sede	att vara törstig	[at 'vara 'tø:ʂtig]
tocar (com as mãos)	att röra	[at 'rø:ra]
tomar café da manhã	att äta frukost	[at 'ɛ:ta 'frʉ:kɔst]
trabalhar (vi)	att arbeta	[at 'ar‚beta]
traduzir (vt)	att översätta	[at 'ø:vǝ‚sæta]

| unir (vt) | att förena | [at 'førena] |
| vender (vt) | att sälja | [at 'sɛlja] |

ver (vt)	att se	[at 'se:]
virar (~ para a direita)	att svänga	[at 'svɛŋa]
voar (vi)	att flyga	[at 'flʲyga]

14. Cores

cor (f)	färg (en)	['fæ:rj]
tom (m)	nyans (en)	[ny'ans]
tonalidade (m)	färgton (en)	['fæ:rj‚tʊn]
arco-íris (m)	regnbåge (en)	['rɛgn‚bo:gə]

branco (adj)	vit	['vit]
preto (adj)	svart	['sva:t]
cinza (adj)	grå	['gro:]

verde (adj)	grön	['grø:n]
amarelo (adj)	gul	['gʉ:lʲ]
vermelho (adj)	röd	['rø:d]

azul (adj)	blå	['blʲo:]
azul claro (adj)	ljusblå	['jʉ:s‚blʲo:]
rosa (adj)	rosa	['rɔsa]
laranja (adj)	orange	[ɔ'ranʃ]
violeta (adj)	violett	[viʊ'lʲet]
marrom (adj)	brun	['brʉ:n]

| dourado (adj) | guld- | ['gulʲd-] |
| prateado (adj) | silver- | ['silʲvər-] |

bege (adj)	beige	['bɛʃ]
creme (adj)	cremefärgad	['krɛ:m‚fæ:rjad]
turquesa (adj)	turkos	[tur'ko:s]
vermelho cereja (adj)	körsbärsröd	['ɕø:ʂbæ:ʂ‚rø:d]
lilás (adj)	lila	['lilʲa]
carmim (adj)	karmosinröd	[kar'mosin‚rø:d]

claro (adj)	ljus	['jʉ:s]
escuro (adj)	mörk	['mœ:rk]
vivo (adj)	klar	['klʲar]

de cor	färg-	['fæ:rj-]
a cores	färg-	['fæ:rj-]
preto e branco (adj)	svartvit	['sva:t‚vit]
unicolor (de uma só cor)	enfärgad	['ɛn‚fæ:rjad]
multicolor (adj)	mångfärgad	['mɔŋ‚fæ:rjad]

15. Questões

Quem?	Vem?	['vem]
O que?	Vad?	['vad]
Onde?	Var?	['var]
Para onde?	Vart?	['va:t]

De onde?	Varifrån?	['varifro:n]
Quando?	När?	['næ:r]
Para quê?	Varför?	['va:fø:r]
Por quê?	Varför?	['va:fø:r]

Para quê?	För vad?	['før vad]
Como?	Hur?	['hʉ:r]
Qual (~ é o problema?)	Vilken?	['vilʲkən]
Qual (~ deles?)	Vilken?	['vilʲkən]

A quem?	Till vem?	[tilʲ 'vem]
De quem?	Om vem?	[ɔm 'vem]
Do quê?	Om vad?	[ɔm 'vad]
Com quem?	Med vem?	[me 'vem]

Quantos? -as?	Hur många?	[hʉr 'mɔŋa]
Quanto?	Hur mycket?	[hʉr 'mʏkə]
De quem? (masc.)	Vems?	['vɛms]

16. Preposições

com (prep.)	med	['me]
sem (prep.)	utan	['ʉtan]
a, para (exprime lugar)	till	['tilʲ]
sobre (ex. falar ~)	om	['ɔm]
antes de ...	för, inför	['fø:r], ['infø:r]
em frente de ...	framför	['framfø:r]

debaixo de ...	under	['undər]
sobre (em cima de)	över	['ø:vər]
em ..., sobre ...	på	[pɔ]
de, do (sou ~ Rio de Janeiro)	från	['frɔn]
de (feito ~ pedra)	av	[av]

| em (~ 3 dias) | om | ['ɔm] |
| por cima de ... | över | ['ø:vər] |

17. Palavras funcionais. Advérbios. Parte 1

Onde?	Var?	['var]
aqui	här	['hæ:r]
lá, ali	där	['dæ:r]

| em algum lugar | någonstans | ['no:gɔn‚stans] |
| em lugar nenhum | ingenstans | ['iŋən‚stans] |

| perto de ... | vid | ['vid] |
| perto da janela | vid fönstret | [vid 'fœnstrət] |

Para onde?	Vart?	['va:ʈ]
aqui	hit	['hit]
para lá	dit	['dit]

daqui	härifrån	['hæ:ri‚fro:n]
de lá, dali	därifrån	['dæ:ri‚fro:n]
perto	nära	['næ:ra]
longe	långt	['ⁱɔŋt]
perto de ...	nära	['næ:ra]
à mão, perto	i närheten	[i 'næ:r‚hetən]
não fica longe	inte långt	['intə 'ⁱɔŋt]
esquerdo (adj)	vänster	['vɛnstər]
à esquerda	till vänster	[tilⁱ 'vɛnstər]
para a esquerda	till vänster	[tilⁱ 'vɛnstər]
direito (adj)	höger	['hø:gər]
à direita	till höger	[tilⁱ 'hø:gər]
para a direita	till höger	[tilⁱ 'hø:gər]
em frente	framtill	['framtilⁱ]
da frente	främre	['frɛmrə]
adiante (para a frente)	framåt	['framo:t]
atrás de ...	bakom, baktill	['bakɔm], ['bak'tilⁱ]
de trás	bakifrån	['baki‚fro:n]
para trás	tillbaka	[tilⁱ"baka]
meio (m), metade (f)	mitt (en)	['mit]
no meio	i mitten	[i 'mitən]
do lado	från sidan	[frɔn 'sidan]
em todo lugar	överallt	['ø:vər‚alⁱt]
por todos os lados	runt omkring	[runt ɔm'kriŋ]
de dentro	inifrån	['ini‚fro:n]
para algum lugar	någonstans	['no:gɔn‚stans]
diretamente	rakt, rakt fram	['rakt], ['rakt fram]
de volta	tillbaka	[tilⁱ"baka]
de algum lugar	från var som helst	[frɔn va sɔm 'hɛlⁱst]
de algum lugar	från någonstans	[frɔn 'no:gɔn‚stans]
em primeiro lugar	för det första	['før de 'fœ:ʂta]
em segundo lugar	för det andra	['før de 'andra]
em terceiro lugar	för det tredje	['før de 'trɛdjə]
de repente	plötsligt	['plⁱøtslit]
no início	i början	[i 'bœrjan]
pela primeira vez	för första gången	['før 'fœ:ʂta 'gɔŋən]
muito antes de ...	långt innan ...	['ⁱɔŋt 'inan ...]
de novo	på nytt	[pɔ 'nʏt]
para sempre	för gott	[før 'gɔt]
nunca	aldrig	['alⁱdrig]
de novo	igen	['ijɛn]
agora	nu	['nʉ:]
frequentemente	ofta	['ɔfta]

então	då	['doː]
urgentemente	brådskande	['brɔˌskandə]
normalmente	vanligtvis	['vanˌlitvis]
a propósito, ...	förresten ...	[fœː'rɛstən ...]
é possível	möjligen	['mœjligən]
provavelmente	sannolikt	[sanʊ'likt]
talvez	kanske	['kanɧə]
além disso, ...	dessutom ...	[des'ʉːtʊm ...]
por isso ...	därför ...	['dæːfør ...]
apesar de ...	i trots av ...	[i 'trɔts av ...]
graças a ...	tack vare ...	['tak ˌvarə ...]
que (pron.)	vad	['vad]
que (conj.)	att	[at]
algo	något	['noːgɔt]
alguma coisa	något	['noːgɔt]
nada	ingenting	['iŋəntiŋ]
quem	vem	['vem]
alguém (~ que ...)	någon	['noːgɔn]
alguém (com ~)	någon	['noːgɔn]
ninguém	ingen	['iŋən]
para lugar nenhum	ingenstans	['iŋənˌstans]
de ninguém	ingens	['iŋəns]
de alguém	någons	['noːgɔns]
tão	så	['soː]
também (gostaria ~ de ...)	också	['ɔksoː]
também (~ eu)	också	['ɔksoː]

18. Palavras funcionais. Advérbios. Parte 2

Por quê?	Varför?	['vaːføːr]
por alguma razão	av någon anledning	[av 'noːgɔn 'anˌlʲedniŋ]
porque ...	därför att ...	['dæːfør at ...]
por qualquer razão	av någon anledning	[av 'noːgɔn 'anˌlʲedniŋ]
e (tu ~ eu)	och	['ɔ]
ou (ser ~ não ser)	eller	['ɛlʲer]
mas (porém)	men	['men]
para (~ a minha mãe)	för, till	['føːr]
muito, demais	för, alltför	['føːr], ['alʲtføːr]
só, somente	bara, endast	['bara], ['ɛndast]
exatamente	precis, exakt	[prɛ'sis], [ɛk'sakt]
cerca de (~ 10 kg)	cirka	['sirka]
aproximadamente	ungefär	['uŋəˌfæːr]
aproximado (adj)	ungefärlig	['uŋəˌfæːˌlig]
quase	nästan	['nɛstan]
resto (m)	rest (en)	['rɛst]
o outro (segundo)	den andra	[dɛn 'andra]

outro (adj)	andre	['andrə]
cada (adj)	var	['var]
qualquer (adj)	vilken som helst	['vilʲkən sɔm 'hɛlʲst]
muito, muitos, muitas	mycken, mycket	['mʏkən], ['mʏkə]
muitas pessoas	många	['mɔŋa]
todos	alla	['alʲa]

em troca de ...	i gengäld för ...	[i 'jɛŋɛld ˌfør ...]
em troca	i utbyte	[i 'ʉtˌbytə]
à mão	för hand	[før 'hand]
pouco provável	knappast	['knapast]

provavelmente	sannolikt	[sanʊ'likt]
de propósito	med flit, avsiktligt	[me flit], ['avsiktlit]
por acidente	tillfälligtvis	['tilʲfɔlitvis]

muito	mycket	['mʏkə]
por exemplo	till exempel	[tilʲ ɛk'sɛmpəl]
entre	mellan	['mɛlʲan]
entre (no meio de)	bland	['blʲand]
tanto	så mycket	[sɔ 'mʏkə]
especialmente	särskilt	['sæːˌsilʲt]

Conceitos básicos. Parte 2

19. Dias da semana

segunda-feira (f)	måndag (en)	['mɔn,dag]
terça-feira (f)	tisdag (en)	['tis,dag]
quarta-feira (f)	onsdag (en)	['ʊns,dag]
quinta-feira (f)	torsdag (en)	['tʊ:ʂ,dag]
sexta-feira (f)	fredag (en)	['fre,dag]
sábado (m)	lördag (en)	['lʲøːdag]
domingo (m)	söndag (en)	['sœn,dag]
hoje	i dag	[i 'dag]
amanhã	i morgon	[i 'mɔrgɔn]
depois de amanhã	i övermorgon	[i 'øːvə,mɔrgɔn]
ontem	i går	[i 'goːr]
anteontem	i förrgår	[i 'fœːr,goːr]
dia (m)	dag (en)	['dag]
dia (m) de trabalho	arbetsdag (en)	['arbets,dag]
feriado (m)	helgdag (en)	['hɛlj,dag]
dia (m) de folga	ledig dag (en)	['lʲedig ,dag]
fim (m) de semana	helg, veckohelg (en)	['hɛlj], ['vɛkɔ,hɛlj]
o dia todo	hela dagen	['helʲa 'dagən]
no dia seguinte	nästa dag	['nɛsta ,dag]
há dois dias	för två dagar sedan	[før ,tvoː 'dagar 'sedan]
na véspera	dagen innan	['dagən 'inan]
diário (adj)	daglig	['daglig]
todos os dias	varje dag	['varjə dag]
semana (f)	vecka (en)	['vɛka]
na semana passada	förra veckan	['fœːra 'vɛkan]
semana que vem	i nästa vecka	[i 'nɛsta 'vɛka]
semanal (adj)	vecko-	['vɛkɔ-]
toda semana	varje vecka	['varjə 'vɛka]
duas vezes por semana	två gångar i veckan	[tvoː 'gɔŋar i 'vɛkan]
toda terça-feira	varje tisdag	['varjə ,tisdag]

20. Horas. Dia e noite

manhã (f)	morgon (en)	['mɔrgɔn]
de manhã	på morgonen	[pɔ 'mɔrgɔnən]
meio-dia (m)	middag (en)	['mid,dag]
à tarde	på eftermiddagen	[pɔ 'ɛftə,midagən]
tardinha (f)	kväll (en)	[kvɛlʲ]
à tardinha	på kvällen	[pɔ 'kvɛlʲen]

noite (f)	natt (en)	['nat]
à noite	om natten	[ɔm 'natən]
meia-noite (f)	midnatt (en)	['mid͵nat]

segundo (m)	sekund (en)	[se'kund]
minuto (m)	minut (en)	[mi'nʉ:t]
hora (f)	timme (en)	['timə]
meia hora (f)	halvtimme (en)	['halʲv͵timə]
quarto (m) de hora	kvart (en)	['kva:t]
quinze minutos	femton minuter	['fɛmton mi'nʉ:tər]
vinte e quatro horas	dygn (ett)	['dʏgn]

nascer (m) do sol	soluppgång (en)	['sʊlʲ ͵up'gɔŋ]
amanhecer (m)	gryning (en)	['gryniŋ]
madrugada (f)	tidig morgon (en)	['tidig 'mɔrgɔn]
pôr-do-sol (m)	solnedgång (en)	['sʊlʲ 'ned͵gɔŋ]

de madrugada	tidigt på morgonen	['tidit pɔ 'mɔrgɔnən]
esta manhã	i morse	[i 'mɔ:ʂə]
amanhã de manhã	i morgon bitti	[i 'mɔrgɔn 'biti]

esta tarde	i eftermiddag	[i 'ɛftə͵midag]
à tarde	på eftermiddagen	[pɔ 'ɛftə͵midagən]
amanhã à tarde	i morgon eftermiddag	[i 'mɔrgɔn 'ɛftə͵midag]

| esta noite, hoje à noite | i kväll | [i 'kvɛlʲ] |
| amanhã à noite | i morgon kväll | [i 'mɔrgɔn 'kvɛlʲ] |

às três horas em ponto	precis klockan tre	[prɛ'sis 'klʲɔkan tre:]
por volta das quatro	vid fyratiden	[vid 'fyra͵tidən]
às doze	vid klockan tolv	[vid 'klʲɔkan 'tɔlʲv]

em vinte minutos	om tjugo minuter	[ɔm 'ɕʉgɔ mi'nʉ:tər]
em uma hora	om en timme	[ɔm en 'timə]
a tempo	i tid	[i 'tid]

… um quarto para	kvart i …	['kva:t i …]
dentro de uma hora	inom en timme	['inɔm en 'timə]
a cada quinze minutos	varje kvart	['varjə kva:t]
as vinte e quatro horas	dygnet runt	['dʏngnet ͵runt]

21. Meses. Estações

janeiro (m)	januari	['janu͵ari]
fevereiro (m)	februari	[fɛbrʉ'ari]
março (m)	mars	['ma:ʂ]
abril (m)	april	[a'prilʲ]
maio (m)	maj	['maj]
junho (m)	juni	['ju:ni]

julho (m)	juli	['ju:li]
agosto (m)	augusti	[au'gusti]
setembro (m)	september	[sɛp'tɛmbər]
outubro (m)	oktober	[ɔk'tʊbər]

novembro (m)	**november**	[nɔ'vɛmbər]
dezembro (m)	**december**	[de'sɛmbər]
primavera (f)	**vår (en)**	['voːr]
na primavera	**på våren**	[pɔ 'voːrən]
primaveril (adj)	**vår-**	['voːr-]
verão (m)	**sommar (en)**	['sɔmar]
no verão	**på sommaren**	[pɔ 'sɔmarən]
de verão	**sommar-**	['sɔmar-]
outono (m)	**höst (en)**	['høst]
no outono	**på hösten**	[pɔ 'høstən]
outonal (adj)	**höst-**	['høst-]
inverno (m)	**vinter (en)**	['vintər]
no inverno	**på vintern**	[pɔ 'vintərn]
de inverno	**vinter-**	['vintər-]
mês (m)	**månad (en)**	['moːnad]
este mês	**den här månaden**	[dɛn hæːr 'moːnadən]
mês que vem	**nästa månad**	['nɛsta 'moːnad]
no mês passado	**förra månaden**	['fœːra 'moːnadən]
um mês atrás	**för en månad sedan**	['før en 'moːnad 'sedan]
em um mês	**om en månad**	[ɔm en 'moːnad]
em dois meses	**om två månader**	[ɔm tvoː 'moːnadər]
todo o mês	**en hel månad**	[en helʲ 'moːnad]
um mês inteiro	**hela månaden**	['helʲa 'moːnadən]
mensal (adj)	**månatlig**	[mo'natlig]
mensalmente	**månatligen**	[mo'natligən]
todo mês	**varje månad**	['varjə ˌmoːnad]
duas vezes por mês	**två gånger i månaden**	[tvoː 'gɔŋər i 'moːnadən]
ano (m)	**år (ett)**	['oːr]
este ano	**i år**	[i 'oːr]
ano que vem	**nästa år**	['nɛsta ˌoːr]
no ano passado	**i fjol, förra året**	[i 'fjʊlʲ], ['fœːra 'oːret]
há um ano	**för ett år sedan**	['før et 'oːr 'sedan]
em um ano	**om ett år**	[ɔm et 'oːr]
dentro de dois anos	**om två år**	[ɔm tvoː 'oːr]
todo o ano	**ett helt år**	[ɛt helʲt 'oːr]
um ano inteiro	**hela året**	['helʲa 'oːret]
cada ano	**varje år**	['varjə 'oːr]
anual (adj)	**årlig**	['oːlig]
anualmente	**årligen**	['oːligən]
quatro vezes por ano	**fyra gånger om året**	['fyra 'gɔŋər ɔm 'oːret]
data (~ de hoje)	**datum (ett)**	['datum]
data (ex. ~ de nascimento)	**datum (ett)**	['datum]
calendário (m)	**almanacka (en)**	['alʲmanaka]
meio ano	**halvår (ett)**	['halʲvˌoːr]
seis meses	**halvår (ett)**	['halʲvˌoːr]

| estação (f) | årstid (en) | ['oːʂˌtid] |
| século (m) | sekel (ett) | ['sekəlʲ] |

22. Unidades de medida

peso (m)	vikt (en)	['vikt]
comprimento (m)	längd (en)	[lʲɛŋd]
largura (f)	bredd (en)	['brɛd]
altura (f)	höjd (en)	['hœjd]
profundidade (f)	djup (ett)	['jɵːp]
volume (m)	volym (en)	[vɔ'lʲym]
área (f)	yta, areal (en)	['yta], [are'alʲ]

grama (m)	gram (ett)	['gram]
miligrama (m)	milligram (ett)	['miliˌgram]
quilograma (m)	kilogram (ett)	[ɕilʲɔ'gram]
tonelada (f)	ton (en)	['tʊn]
libra (453,6 gramas)	skålpund (ett)	['skoːlʲˌpund]
onça (f)	uns (ett)	['uns]

metro (m)	meter (en)	['metər]
milímetro (m)	millimeter (en)	['miliˌmetər]
centímetro (m)	centimeter (en)	[sɛnti'metər]
quilômetro (m)	kilometer (en)	[ɕilʲɔ'metər]
milha (f)	mil (en)	['milʲ]

polegada (f)	tum (en)	['tum]
pé (304,74 mm)	fot (en)	['fʊt]
jarda (914,383 mm)	yard (en)	['jaːd]

| metro (m) quadrado | kvadratmeter (en) | [kva'dratˌmetər] |
| hectare (m) | hektar (ett) | [hɛk'tar] |

litro (m)	liter (en)	['litər]
grau (m)	grad (en)	['grad]
volt (m)	volt (en)	['vɔlʲt]
ampère (m)	ampere (en)	[am'pɛr]
cavalo (m) de potência	hästkraft (en)	['hɛstˌkraft]

quantidade (f)	mängd, kvantitet (en)	['mɛŋt], [kwanti'tet]
um pouco de …	få …, inte många …	['foː …], ['intə 'mɔŋa …]
metade (f)	hälft (en)	['hɛlʲft]

| dúzia (f) | dussin (ett) | ['dusin] |
| peça (f) | stycke (ett) | ['stʏkə] |

| tamanho (m), dimensão (f) | storlek (en) | ['stʊːlʲek] |
| escala (f) | skala (en) | ['skalʲa] |

mínimo (adj)	minimal	[mini'malʲ]
menor, mais pequeno	minst	['minst]
médio (adj)	medel	['medəlʲ]
máximo (adj)	maximal	[maksi'malʲ]
maior, mais grande	störst	['støːʂt]

23. Recipientes

pote (m) de vidro	glasburk (en)	['glʲas‚burk]
lata (~ de cerveja)	burk (en)	['burk]
balde (m)	hink (en)	['hiŋk]
barril (m)	tunna (en)	['tuna]
bacia (~ de plástico)	tvättfat (ett)	['tvæt‚fat]
tanque (m)	tank (en)	['taŋk]
cantil (m) de bolso	plunta, fickflaska (en)	['plʉnta], ['fik‚flʲaska]
galão (m) de gasolina	dunk (en)	['du:ŋk]
cisterna (f)	tank (en)	['taŋk]
caneca (f)	mugg (en)	['mug]
xícara (f)	kopp (en)	['kop]
pires (m)	tefat (ett)	['te‚fat]
copo (m)	glas (ett)	['glʲas]
taça (f) de vinho	vinglas (ett)	['vin‚glʲas]
panela (f)	kastrull, gryta (en)	[ka'strulʲ], ['gryta]
garrafa (f)	flaska (en)	['flʲaska]
gargalo (m)	flaskhals (en)	['flʲask‚halʲs]
jarra (f)	karaff (en)	[ka'raf]
jarro (m)	kanna (en) med handtag	['kana me 'han‚tag]
recipiente (m)	behållare (en)	[be'ho:[ʲarə]
pote (m)	kruka (en)	['krʉka]
vaso (m)	vas (en)	['vas]
frasco (~ de perfume)	flakong (en)	[flʲa'kɔŋ]
frasquinho (m)	flaska (en)	['flʲaska]
tubo (m)	tub (en)	['tʉ:b]
saco (ex. ~ de açúcar)	säck (en)	['sɛk]
sacola (~ plastica)	påse (en)	['po:sə]
maço (de cigarros, etc.)	paket (ett)	[pa'ket]
caixa (~ de sapatos, etc.)	ask (en)	['ask]
caixote (~ de madeira)	låda (en)	['lʲo:da]
cesto (m)	korg (en)	['kɔrj]

O SER HUMANO

O ser humano. O corpo

24. Cabeça

cabeça (f)	huvud (ett)	['hu:vʉd]
rosto, cara (f)	ansikte (ett)	['ansiktə]
nariz (m)	näsa (en)	['nɛ:sa]
boca (f)	mun (en)	['mu:n]
olho (m)	öga (ett)	['ø:ga]
olhos (m pl)	ögon (pl)	['ø:gɔn]
pupila (f)	pupill (en)	[pʉ'pilʲ]
sobrancelha (f)	ögonbryn (ett)	['ø:gɔn͵bryn]
cílio (f)	ögonfrans (en)	['ø:gɔn͵frans]
pálpebra (f)	ögonlock (ett)	['ø:gɔn͵lʲɔk]
língua (f)	tunga (en)	['tuŋa]
dente (m)	tand (en)	['tand]
lábios (m pl)	läppar (pl)	['lʲɛpar]
maçãs (f pl) do rosto	kindben (pl)	['çind͵be:n]
gengiva (f)	tandkött (ett)	['tand͵çœt]
palato (m)	gom (en)	['gʉm]
narinas (f pl)	näsborrar (pl)	['nɛ:s͵bɔrar]
queixo (m)	haka (en)	['haka]
mandíbula (f)	käke (en)	['çɛ:kə]
bochecha (f)	kind (en)	['çind]
testa (f)	panna (en)	['pana]
têmpora (f)	tinning (en)	['tiniŋ]
orelha (f)	öra (ett)	['ø:ra]
costas (f pl) da cabeça	nacke (en)	['nakə]
pescoço (m)	hals (en)	['halʲs]
garganta (f)	strupe, hals (en)	['strʉpə], ['halʲs]
cabelo (m)	hår (pl)	['ho:r]
penteado (m)	frisyr (en)	[fri'syr]
corte (m) de cabelo	klippning (en)	['klipniŋ]
peruca (f)	peruk (en)	[pe'rʉ:k]
bigode (m)	mustasch (en)	[mʉ'sta:ʃ]
barba (f)	skägg (ett)	['ɧɛg]
ter (~ barba, etc.)	att ha	[at 'ha]
trança (f)	fläta (en)	['flʲɛ:ta]
suíças (f pl)	polisonger (pl)	[pɔli'sɔŋər]
ruivo (adj)	rödhårig	['rø:d͵ho:rig]
grisalho (adj)	grå	['gro:]

careca (adj)	**skallig**	['skalig]
calva (f)	**flint (en)**	['flint]

rabo-de-cavalo (m)	**hästsvans (en)**	['hɛst͵svans]
franja (f)	**lugg, pannlugg (en)**	[lʉg], ['pan͵lʉg]

25. Corpo humano

mão (f)	**hand (en)**	['hand]
braço (m)	**arm (en)**	['arm]

dedo (m)	**finger (ett)**	['fiŋər]
dedo (m) do pé	**tå (en)**	['to:]
polegar (m)	**tumme (en)**	['tumə]
dedo (m) mindinho	**lillfinger (ett)**	['lilˈˌfiŋər]
unha (f)	**nagel (en)**	['nagəlˈ]

punho (m)	**knytnäve (en)**	['knʏt͵nɛ:və]
palma (f)	**handflata (en)**	['hand͵flˈata]
pulso (m)	**handled (en)**	['hand͵lˈed]
antebraço (m)	**underarm (en)**	['undər͵arm]
cotovelo (m)	**armbåge (en)**	['arm͵bo:gə]
ombro (m)	**skuldra (en)**	['skʉlˈdra]

perna (f)	**ben (ett)**	['be:n]
pé (m)	**fot (en)**	['fʊt]
joelho (m)	**knä (ett)**	['knɛ:]
panturrilha (f)	**vad (ett)**	['vad]
quadril (m)	**höft (en)**	['hœft]
calcanhar (m)	**häl (en)**	['hɛ:lˈ]

corpo (m)	**kropp (en)**	['krɔp]
barriga (f), ventre (m)	**mage (en)**	['magə]
peito (m)	**bröst (ett)**	['brœst]
seio (m)	**bröst (ett)**	['brœst]
lado (m)	**sida (en)**	['sida]
costas (dorso)	**rygg (en)**	['rʏg]
região (f) lombar	**ländrygg (en)**	['lˈɛnd͵rʏg]
cintura (f)	**midja (en)**	['midja]

umbigo (m)	**navel (en)**	['navəlˈ]
nádegas (f pl)	**stjärtar, skinkor (pl)**	['ɧæ:ʈar], ['ɧiŋkʊr]
traseiro (m)	**bak (en)**	['bak]

sinal (m), pinta (f)	**leverfläck (ett)**	['lˈevər͵flɛk]
sinal (m) de nascença	**födelsemärke (ett)**	['fø:dəlˈsə͵mæ:rkə]
tatuagem (f)	**tatuering (en)**	[tatʉ'eriŋ]
cicatriz (f)	**ärr (ett)**	['ær]

Vestuário & Acessórios

26. Roupa exterior. Casacos

roupa (f)	kläder (pl)	['klʲɛ:dər]
roupa (f) exterior	ytterkläder	['ytəˌklʲɛ:dər]
roupa (f) de inverno	vinterkläder (pl)	['vintəˌklʲɛ:dər]
sobretudo (m)	rock, kappa (en)	['rɔk], ['kapa]
casaco (m) de pele	päls (en)	['pɛlʲs]
jaqueta (f) de pele	pälsjacka (en)	['pɛlʲsˌjaka]
casaco (m) acolchoado	dunjacka (en)	['dʉ:nˌjaka]
casaco (m), jaqueta (f)	jacka (en)	['jaka]
impermeável (m)	regnrock (en)	['rɛgnˌrɔk]
a prova d'água	vattentät	['vatənˌtɛt]

27. Vestuário de homem & mulher

camisa (f)	skjorta (en)	['ʄu:ʈa]
calça (f)	byxor (pl)	['byksʊr]
jeans (m)	jeans (en)	['jins]
paletó, terno (m)	kavaj (en)	[ka'vaj]
terno (m)	kostym (en)	[kɔs'tym]
vestido (ex. ~ de noiva)	klänning (en)	['klʲɛniŋ]
saia (f)	kjol (en)	['ɕø:lʲ]
blusa (f)	blus (en)	['blʉ:s]
casaco (m) de malha	stickad tröja (en)	['stikad 'trøja]
casaco, blazer (m)	dräktjacka, kavaj (en)	['drɛkt 'jaka], ['kavaj]
camiseta (f)	T-shirt (en)	['ti:ˌʃɔ:t]
short (m)	shorts (en)	['ʃɔ:ts]
training (m)	träningsoverall (en)	['trɛ:niŋs ɔve'rɔ:lʲ]
roupão (m) de banho	morgonrock (en)	['mɔrgonˌrɔk]
pijama (m)	pyjamas (en)	[py'jamas]
suéter (m)	sweater, tröja (en)	['svitər], ['trøja]
pulôver (m)	pullover (en)	[pu'lʲɔ:vər]
colete (m)	väst (en)	['vɛst]
fraque (m)	frack (en)	['frak]
smoking (m)	smoking (en)	['smɔkiŋ]
uniforme (m)	uniform (en)	[uni'fɔrm]
roupa (f) de trabalho	arbetskläder (pl)	['arbetsˌklʲɛ:dər]
macacão (m)	overall (en)	['ɔveˌrɔ:lʲ]
jaleco (m), bata (f)	rock (en)	['rɔk]

28. Vestuário. Roupa interior

roupa (f) íntima	underkläder (pl)	['undə‚klʲɛ:dər]
cueca boxer (f)	underbyxor (pl)	['undə‚byksʊr]
calcinha (f)	trosor (pl)	['trʊsʊr]
camiseta (f)	undertröja (en)	['undə‚trøja]
meias (f pl)	sockor (pl)	['sɔkʊr]
camisola (f)	nattlinne (ett)	['nat‚linə]
sutiã (m)	behå (en)	[be'ho:]
meias longas (f pl)	knästrumpor (pl)	['knɛ:‚strumpʊr]
meias-calças (f pl)	strumpbyxor (pl)	['strump‚byksʊr]
meias (~ de nylon)	strumpor (pl)	['strumpʊr]
maiô (m)	baddräkt (en)	['bad‚drɛkt]

29. Adereços de cabeça

chapéu (m), touca (f)	hatt (en)	['hat]
chapéu (m) de feltro	hatt (en)	['hat]
boné (m) de beisebol	baseballkeps (en)	['bejsbɔlʲ keps]
boina (~ italiana)	keps (en)	['keps]
boina (ex. ~ basca)	basker (en)	['baskər]
capuz (m)	luva, kapuschong (en)	['lʉ:va], [kapʉ'ʃɔ:ŋ]
chapéu panamá (m)	panamahatt (en)	['panama‚hat]
touca (f)	luva (en)	['lʉ:va]
lenço (m)	sjalett (en)	[ʃa'lʲet]
chapéu (m) feminino	hatt (en)	['hat]
capacete (m) de proteção	hjälm (en)	['jɛlʲm]
bibico (m)	båtmössa (en)	['bot‚mœsa]
capacete (m)	hjälm (en)	['jɛlʲm]
chapéu-coco (m)	plommonstop (ett)	['plʲumɔn‚stʊp]
cartola (f)	hög hatt, cylinder (en)	['hø:g ‚hat], [sy'lindər]

30. Calçado

calçado (m)	skodon (pl)	['skʊdʊn]
botinas (f pl), sapatos (m pl)	skor (pl)	['skʊr]
sapatos (de salto alto, etc.)	damskor (pl)	['dam‚skʊr]
botas (f pl)	stövlar (pl)	['støvlʲar]
pantufas (f pl)	tofflor (pl)	['tɔflʲʊr]
tênis (~ Nike, etc.)	tennisskor (pl)	['tɛnis‚skʊr]
tênis (~ Converse)	canvas skor (pl)	['kanvas ‚skʊr]
sandálias (f pl)	sandaler (pl)	[san'dalʲer]
sapateiro (m)	skomakare (en)	['skʊ‚makarə]
salto (m)	klack (en)	['klʲak]

par (m)	par (ett)	['par]
cadarço (m)	skosnöre (ett)	['skʊˌsnøːrə]
amarrar os cadarços	att snöra	[at 'snøːra]
calçadeira (f)	skohorn (ett)	['skʊˌhʊːɳ]
graxa (f) para calçado	skokräm (en)	['skʊˌkrɛm]

31. Acessórios pessoais

luva (f)	handskar (pl)	['hanskar]
mitenes (f pl)	vantar (pl)	['vantar]
cachecol (m)	halsduk (en)	['halˡsˌdʉːk]
óculos (m pl)	glasögon (pl)	['glˡasˌøːgɔn]
armação (f)	båge (en)	['boːgə]
guarda-chuva (m)	paraply (ett)	[para'plˡy]
bengala (f)	käpp (en)	['ɕɛp]
escova (f) para o cabelo	hårborste (en)	['hoːrˌboːʂtə]
leque (m)	solfjäder (en)	['sʊlˡˌfjɛːdər]
gravata (f)	slips (en)	['slips]
gravata-borboleta (f)	fluga (en)	['flʉːga]
suspensórios (m pl)	hängslen (pl)	['hɛŋslˡən]
lenço (m)	näsduk (en)	['nɛsˌdʉk]
pente (m)	kam (en)	['kam]
fivela (f) para cabelo	hårklämma (ett)	['hoːrˌklˡɛma]
grampo (m)	hårnål (en)	['hoːˌɳoːlˡ]
fivela (f)	spänne (ett)	['spɛnə]
cinto (m)	bälte (ett)	['bɛlˡtə]
alça (f) de ombro	rem (en)	['rem]
bolsa (f)	väska (en)	['vɛska]
bolsa (feminina)	damväska (en)	['damˌvɛska]
mochila (f)	ryggsäck (en)	['rʏgˌsɛk]

32. Vestuário. Diversos

moda (f)	mode (ett)	['mʊdə]
na moda (adj)	modern	[mʊ'dɛːɳ]
estilista (m)	modedesigner (en)	['mʊdə de'sajnər]
colarinho (m)	krage (en)	['kragə]
bolso (m)	ficka (en)	['fika]
de bolso	fick-	['fik-]
manga (f)	ärm (en)	['æːrm]
ganchinho (m)	hängband (ett)	['hɛŋ band]
bragueta (f)	gylf (en)	['gylˡf]
zíper (m)	blixtlås (ett)	['blikstˌlˡoːs]
colchete (m)	knäppning (en)	['knɛpniŋ]
botão (m)	knapp (en)	['knap]

botoeira (casa de botão)	knapphål (ett)	['knap‚ho:lʲ]
soltar-se (vr)	att lossna	[at 'lʲɔsna]

costurar (vi)	att sy	[at sy]
bordar (vt)	att brodera	[at brʊ'dera]
bordado (m)	broderi (ett)	[brʊde'ri:]
agulha (f)	synål (en)	['sy‚no:lʲ]
fio, linha (f)	tråd (en)	['tro:d]
costura (f)	söm (en)	['sø:m]

sujar-se (vr)	att smutsa ned sig	[at 'smutsa ned sɛj]
mancha (f)	fläck (en)	['flʲɛk]
amarrotar-se (vr)	att bli skrynklig	[at bli 'skrʏŋklig]
rasgar (vt)	att riva	[at 'riva]
traça (f)	mal (en)	['malʲ]

33. Cuidados pessoais. Cosméticos

pasta (f) de dente	tandkräm (en)	['tand‚krɛm]
escova (f) de dente	tandborste (en)	['tand‚bɔ:ʂtə]
escovar os dentes	att borsta tänderna	[at 'bɔ:ʂta 'tɛndɛ:ŋa]

gilete (f)	hyvel (en)	['hyvəlʲ]
creme (m) de barbear	rakkräm (en)	['rak‚krɛm]
barbear-se (vr)	att raka sig	[at 'raka sɛj]

sabonete (m)	tvål (en)	['tvo:lʲ]
xampu (m)	schampo (ett)	['ɧam‚pʊ]

tesoura (f)	sax (en)	['saks]
lixa (f) de unhas	nagelfil (en)	['nagəlʲ‚filʲ]
corta-unhas (m)	nageltång (en)	['nagəlʲ‚tɔŋ]
pinça (f)	pincett (en)	[pin'sɛt]

cosméticos (m pl)	kosmetika (en)	[kɔs'mɛtika]
máscara (f)	ansiktsmask (en)	[an'sikts‚mask]
manicure (f)	manikyr (en)	[mani'kyr]
fazer as unhas	att få manikyr	[at fo: mani'kyr]
pedicure (f)	pedikyr (en)	[pedi'kyr]

bolsa (f) de maquiagem	kosmetikväska (en)	[kɔsmɛ'tik‚vɛska]
pó (de arroz)	puder (ett)	['pʉ:dər]
pó (m) compacto	puderdosa (en)	['pʉ:dɛ‚d̥o:sa]
blush (m)	rouge (ett)	['ru:ʃ]

perfume (m)	parfym (en)	[par'fym]
água-de-colônia (f)	eau de toilette (en)	['ɔ:detua‚lʲet]
loção (f)	rakvatten (ett)	['rak‚vatən]
colônia (f)	eau de cologne (en)	['ɔ:dekɔ‚lʲɔŋʲ]

sombra (f) de olhos	ögonskugga (en)	['ø:gɔn‚skuga]
delineador (m)	ögonpenna (en)	['ø:gɔn‚pɛna]
máscara (f), rímel (m)	mascara (en)	[ma'skara]
batom (m)	läppstift (ett)	['lʲɛp‚stift]

esmalte (m)	nagellack (ett)	['nagəlˌlʲak]
laquê (m), spray fixador (m)	hårspray (en)	['hoːrˌsprɛj]
desodorante (m)	deodorant (en)	[deʊdʊ'rant]

creme (m)	kräm (en)	['krɛm]
creme (m) de rosto	ansiktskräm (en)	[an'siktsˌkrɛm]
creme (m) de mãos	handkräm (en)	['handˌkrɛm]
creme (m) antirrugas	anti-rynkor kräm (en)	['antiˌrʏŋkʊr 'krɛm]
creme (m) de dia	dagkräm (en)	['dagˌkrɛm]
creme (m) de noite	nattkräm (en)	['natˌkrɛm]
de dia	dag-	['dag-]
da noite	natt-	['nat-]

absorvente (m) interno	tampong (en)	[tam'pɔŋ]
papel (m) higiênico	toalettpapper (ett)	[tʊa'lʲetˌpapər]
secador (m) de cabelo	hårtork (en)	['hoːˌtʊrk]

34. Relógios de pulso. Relógios

relógio (m) de pulso	armbandsur (ett)	['armbandsˌʉːr]
mostrador (m)	urtavla (en)	['ʉːˌtavlʲa]
ponteiro (m)	visare (en)	['visarə]
bracelete (em aço)	armband (ett)	['armˌband]
bracelete (em couro)	armband (ett)	['armˌband]

pilha (f)	batteri (ett)	[batɛ'riː]
acabar (vi)	att bli urladdad	[at bli 'ʉːˌlʲadad]
trocar a pilha	att byta batteri	[at 'byta batɛ'riː]
estar adiantado	att gå för fort	[at 'goː før 'foːt]
estar atrasado	att gå för långsamt	[at 'goː før 'lʲɔŋˌsamt]

relógio (m) de parede	väggklocka (en)	['vɛgˌklʲɔka]
ampulheta (f)	sandklocka (en)	['sandˌklʲɔka]
relógio (m) de sol	solklocka (en)	['sʊlʲˌklʲɔka]
despertador (m)	väckarklocka (en)	['vɛkarˌklʲɔka]
relojoeiro (m)	urmakare (en)	['ʉrˌmakarə]
reparar (vt)	att reparera	[at repa'rera]

Alimentação. Nutrição

35. Comida

carne (f)	kött (ett)	['ɕœt]
galinha (f)	höna (en)	['hø:na]
frango (m)	kyckling (en)	['ɕykliŋ]
pato (m)	anka (en)	['aŋka]
ganso (m)	gås (en)	['go:s]
caça (f)	vilt (ett)	['vilʲt]
peru (m)	kalkon (en)	[kalʲˈkʊn]
carne (f) de porco	fläsk (ett)	['flʲɛsk]
carne (f) de vitela	kalvkött (en)	['kalʲvˌɕœt]
carne (f) de carneiro	lammkött (ett)	['lʲamˌɕœt]
carne (f) de vaca	oxkött, nötkött (ett)	['ʊksˌɕœt], ['nø:tˌɕœt]
carne (f) de coelho	kanin (en)	[ka'nin]
linguiça (f), salsichão (m)	korv (en)	['kɔrv]
salsicha (f)	wienerkorv (en)	['viŋɛrˌkɔrv]
bacon (m)	bacon (ett)	['bɛjkɔn]
presunto (m)	skinka (en)	['ɧiŋka]
pernil (m) de porco	skinka (en)	['ɧiŋka]
patê (m)	paté (en)	[pa'te]
fígado (m)	lever (en)	['lʲevər]
guisado (m)	köttfärs (en)	['ɕœtˌfæ:ʂ]
língua (f)	tunga (en)	['tuŋa]
ovo (m)	ägg (ett)	['ɛg]
ovos (m pl)	ägg (pl)	['ɛg]
clara (f) de ovo	äggvita (en)	['ɛgˌvi:ta]
gema (f) de ovo	äggula (en)	['ɛgˌʉ:lʲa]
peixe (m)	fisk (en)	['fisk]
mariscos (m pl)	fisk och skaldjur	['fisk ɔ 'skalʲjʉ:r]
crustáceos (m pl)	kräftdjur (pl)	['krɛftˌju:r]
caviar (m)	kaviar (en)	['kavˌjar]
caranguejo (m)	krabba (en)	['kraba]
camarão (m)	räka (en)	['rɛ:ka]
ostra (f)	ostron (ett)	['ʊstrʊn]
lagosta (f)	languster (en)	[lʲaŋ'gustər]
polvo (m)	bläckfisk (en)	['blʲɛkˌfisk]
lula (f)	bläckfisk (en)	['blʲɛkˌfisk]
esturjão (m)	stör (en)	['stø:r]
salmão (m)	lax (en)	['lʲaks]
halibute (m)	hälleflundra (en)	['hɛlʲeˌflʉndra]
bacalhau (m)	torsk (en)	['tɔ:ʂk]

cavala, sarda (f)	makrill (en)	['makrilʲ]
atum (m)	tonfisk (en)	['tʊnˌfisk]
enguia (f)	ål (en)	['o:lʲ]

truta (f)	öring (en)	['ø:riŋ]
sardinha (f)	sardin (en)	[sa:'dʲi:n]
lúcio (m)	gädda (en)	['jɛda]
arenque (m)	sill (en)	['silʲ]

pão (m)	bröd (ett)	['brø:d]
queijo (m)	ost (en)	['ʊst]
açúcar (m)	socker (ett)	['sɔkər]
sal (m)	salt (ett)	['salʲt]

arroz (m)	ris (ett)	['ris]
massas (f pl)	pasta (en), makaroner (pl)	['pasta], [maka'rʊnər]
talharim, miojo (m)	nudlar (pl)	['nʉ:dlʲar]

manteiga (f)	smör (ett)	['smœ:r]
óleo (m) vegetal	vegetabilisk olja (en)	[vegeta'bilisk 'ɔlja]
óleo (m) de girassol	solrosolja (en)	['sʊlʲrʊsˌɔlja]
margarina (f)	margarin (ett)	[marga'rin]

| azeitonas (f pl) | oliver (pl) | [ʊ:'livər] |
| azeite (m) | olivolja (en) | [ʊ'livˌɔlja] |

leite (m)	mjölk (en)	['mjœlʲk]
leite (m) condensado	kondenserad mjölk (en)	[kɔndɛn'serad ˌmjœlʲk]
iogurte (m)	yoghurt (en)	['jo:gɵ:t]
creme (m) azedo	gräddfil,	['grɛdfilʲ],
	syrad grädden (en)	[syrad 'gredən]
creme (m) de leite	grädde (en)	['grɛdə]

| maionese (f) | majonnäs (en) | [majɔ'nɛs] |
| creme (m) | kräm (en) | ['krɛm] |

grãos (m pl) de cereais	gryn (en)	['gryn]
farinha (f)	mjöl (ett)	['mjø:lʲ]
enlatados (m pl)	konserv (en)	[kɔn'sɛrv]

flocos (m pl) de milho	cornflakes (pl)	['ko:ɳˌflɛjks]
mel (m)	honung (en)	['hɔnuŋ]
geleia (m)	sylt, marmelad (en)	['sylʲt], [marme'lʲad]
chiclete (m)	tuggummi (ett)	['tugˌgumi]

36. Bebidas

água (f)	vatten (ett)	['vatən]
água (f) potável	dricksvatten (ett)	['driksˌvatən]
água (f) mineral	mineralvatten (ett)	[mine'ralʲˌvatən]

sem gás (adj)	icke kolsyrat	['ikə 'kɔlʲˌsyrat]
gaseificada (adj)	kolsyrat	['kɔlʲˌsyrat]
com gás	kolsyrat	['kɔlʲˌsyrat]

gelo (m)	is (en)	['is]
com gelo	med is	[me 'is]

não alcoólico (adj)	alkoholfri	[alʲkʊ'hɔlʲˌfri:]
refrigerante (m)	alkoholfri dryck (en)	[alʲkʊ'hɔlʲfri 'drʏk]
refresco (m)	läskedryck (en)	['lɛskəˌdrik]
limonada (f)	lemonad (en)	[lʲemɔ'nad]

bebidas (f pl) alcoólicas	alkoholhaltiga drycker (pl)	[alʲkʊ'hɔlʲˌhalʲtiga 'drʏkər]
vinho (m)	vin (ett)	['vin]
vinho (m) branco	vitvin (ett)	['vitˌvin]
vinho (m) tinto	rödvin (ett)	['røːdˌvin]

licor (m)	likör (en)	[li'køːr]
champanhe (m)	champagne (en)	[ʃam'panʲ]
vermute (m)	vermouth (en)	['vɛrmut]

uísque (m)	whisky (en)	['viski]
vodca (f)	vodka (en)	['vodka]
gim (m)	gin (ett)	['dʒin]
conhaque (m)	konjak (en)	['kɔnʲak]
rum (m)	rom (en)	['rɔm]

café (m)	kaffe (ett)	['kafə]
café (m) preto	svart kaffe (ett)	['svaːʈ 'kafə]
café (m) com leite	kaffe med mjölk (ett)	['kafə me mjœlʲk]
cappuccino (m)	cappuccino (en)	['kaputʃinʊ]
café (m) solúvel	snabbkaffe (ett)	['snabˌkafə]

leite (m)	mjölk (en)	['mjœlʲk]
coquetel (m)	cocktail (en)	['kɔktɛjlʲ]
batida (f), milkshake (m)	milkshake (en)	['milʲkʃɛjk]

suco (m)	juice (en)	['juːs]
suco (m) de tomate	tomatjuice (en)	[tʊ'matˌjuːs]
suco (m) de laranja	apelsinjuice (en)	[apɛlʲ'sinˌjuːs]
suco (m) fresco	nypressad juice (en)	['nʏˌprɛsad 'juːs]

cerveja (f)	öl (ett)	['øːlʲ]
cerveja (f) clara	ljust öl (ett)	['juːstˌøːlʲ]
cerveja (f) preta	mörkt öl (ett)	['mœːrktˌøːlʲ]

chá (m)	te (ett)	['teː]
chá (m) preto	svart te (ett)	['svaːʈ ˌteː]
chá (m) verde	grönt te (ett)	['grœnt teː]

37. Vegetais

vegetais (m pl)	grönsaker (pl)	['grøːnˌsakər]
verdura (f)	grönsaker (pl)	['grøːnˌsakər]

tomate (m)	tomat (en)	[tʊ'mat]
pepino (m)	gurka (en)	['gurka]
cenoura (f)	morot (en)	['mʊˌrʊt]

batata (f)	**potatis (en)**	[puˈtatis]
cebola (f)	**lök (en)**	[ˈlʲøːk]
alho (m)	**vitlök (en)**	[ˈvitˌlʲøːk]

couve (f)	**kål (en)**	[ˈkoːlʲ]
couve-flor (f)	**blomkål (en)**	[ˈblʲumˌkoːlʲ]
couve-de-bruxelas (f)	**brysselkål (en)**	[ˈbrʏsɛlʲˌkoːlʲ]
brócolis (m pl)	**broccoli (en)**	[ˈbrɔkɔli]

beterraba (f)	**rödbeta (en)**	[ˈrøːdˌbeta]
berinjela (f)	**aubergine (en)**	[ɔbɛrˈʒin]
abobrinha (f)	**squash, zucchini (en)**	[ˈskvɔːɕ], [suˈkini]
abóbora (f)	**pumpa (en)**	[ˈpumpa]
nabo (m)	**rova (en)**	[ˈruva]

salsa (f)	**persilja (en)**	[pɛˈɕilja]
endro, aneto (m)	**dill (en)**	[ˈdilʲ]
alface (f)	**sallad (en)**	[ˈsalʲad]
aipo (m)	**selleri (en)**	[ˈsɛlʲeri]
aspargo (m)	**sparris (en)**	[ˈsparis]
espinafre (m)	**spenat (en)**	[speˈnat]

ervilha (f)	**ärter (pl)**	[ˈæːʈər]
feijão (~ soja, etc.)	**bönor (pl)**	[ˈbønur]
milho (m)	**majs (en)**	[ˈmajs]
feijão (m) roxo	**böna (en)**	[ˈbøna]

pimentão (m)	**peppar (en)**	[ˈpɛpar]
rabanete (m)	**rädisa (en)**	[ˈrɛːdisa]
alcachofra (f)	**kronärtskocka (en)**	[ˈkrunæːʈˌskɔka]

38. Frutos. Nozes

fruta (f)	**frukt (en)**	[ˈfrukt]
maçã (f)	**äpple (ett)**	[ˈɛplʲe]
pera (f)	**päron (ett)**	[ˈpæːrɔn]
limão (m)	**citron (en)**	[siˈtrun]
laranja (f)	**apelsin (en)**	[apɛlʲˈsin]
morango (m)	**jordgubbe (en)**	[ˈjuːdˌgubə]

tangerina (f)	**mandarin (en)**	[mandaˈrin]
ameixa (f)	**plommon (ett)**	[ˈplʲumɔn]
pêssego (m)	**persika (en)**	[ˈpɛɕika]
damasco (m)	**aprikos (en)**	[apriˈkus]
framboesa (f)	**hallon (ett)**	[ˈhalʲɔn]
abacaxi (m)	**ananas (en)**	[ˈananas]

banana (f)	**banan (en)**	[ˈbanan]
melancia (f)	**vattenmelon (en)**	[ˈvatənˌmeˈlʲun]
uva (f)	**druva (en)**	[ˈdruːva]
ginja (f)	**körsbär (ett)**	[ˈɕøːʂˌbæːr]
cereja (f)	**fågelbär (ett)**	[ˈfoːgəlʲˌbæːr]
melão (m)	**melon (en)**	[meˈlʲun]
toranja (f)	**grapefrukt (en)**	[ˈgrɛjpˌfrukt]

abacate (m)	avokado (en)	[avɔ'kadʊ]
mamão (m)	papaya (en)	[pa'paja]
manga (f)	mango (en)	['maŋgʊ]
romã (f)	granatäpple (en)	[gra'natˌɛplʲe]

groselha (f) vermelha	röda vinbär (ett)	['røːda 'vinbæːr]
groselha (f) negra	svarta vinbär (ett)	['svaːʈa 'vinbæːr]
groselha (f) espinhosa	krusbär (ett)	['krʉːsˌbæːr]
mirtilo (m)	blåbär (ett)	['blʲoːˌbæːr]
amora (f) silvestre	björnbär (ett)	['bjøːɳˌbæːr]

passa (f)	russin (ett)	['rusin]
figo (m)	fikon (ett)	['fikɔn]
tâmara (f)	dadel (en)	['dadəlʲ]

amendoim (m)	jordnöt (en)	['jʊːɖˌnøːt]
amêndoa (f)	mandel (en)	['mandəlʲ]
noz (f)	valnöt (en)	['valʲˌnøːt]
avelã (f)	hasselnöt (en)	['hasəlʲˌnøːt]
coco (m)	kokosnöt (en)	['kʊkʊsˌnøːt]
pistaches (m pl)	pistaschnötter (pl)	['pistaʃˌnœtər]

39. Pão. Bolaria

pastelaria (f)	konditorivaror (pl)	[kɔndituˈriːˌvarʊr]
pão (m)	bröd (ett)	['brøːd]
biscoito (m), bolacha (f)	småkakor (pl)	['smoːkakʊr]

chocolate (m)	choklad (en)	[ʃɔk'lʲad]
de chocolate	choklad-	[ʃɔk'lʲad-]
bala (f)	konfekt, karamell (en)	[kɔn'fɛkt], [kara'mɛlʲ]
doce (bolo pequeno)	kaka, bakelse (en)	['kaka], ['bakəlʲsə]
bolo (m) de aniversário	tårta (en)	['toːʈa]

| torta (f) | paj (en) | ['paj] |
| recheio (m) | fyllning (en) | ['fylʲniŋ] |

geleia (m)	sylt (en)	['sylʲt]
marmelada (f)	marmelad (en)	[marme'lʲad]
wafers (m pl)	våffle (en)	['vɔflʲe]
sorvete (m)	glass (en)	['glʲas]
pudim (m)	pudding (en)	['pudiŋ]

40. Pratos cozinhados

prato (m)	rätt (en)	['ræt]
cozinha (~ portuguesa)	kök (ett)	['ɕøːk]
receita (f)	recept (ett)	[re'sɛpt]
porção (f)	portion (en)	[pɔːʈ'ʂʊn]

| salada (f) | sallad (en) | ['salʲad] |
| sopa (f) | soppa (en) | ['sɔpa] |

caldo (m)	buljong (en)	[bu'ljɔŋ]
sanduíche (m)	smörgås (en)	['smœr,go:s]
ovos (m pl) fritos	stekt ägg (en)	['stɛkt ,ɛg]

| hambúrguer (m) | hamburgare (en) | ['hamburgarə] |
| bife (m) | biffstek (en) | ['bif,stɛk] |

acompanhamento (m)	tillbehör (ett)	['tilʲbe,hør]
espaguete (m)	spagetti	[spa'gɛti]
purê (m) de batata	potatismos (ett)	[pʊ'tatis,mʊs]
pizza (f)	pizza (en)	['pitsa]
mingau (m)	gröt (en)	['grø:t]
omelete (f)	omelett (en)	[ɔmə'lʲet]

fervido (adj)	kokt	['kʊkt]
defumado (adj)	rökt	['rœkt]
frito (adj)	stekt	['stɛkt]
seco (adj)	torkad	['tɔrkad]
congelado (adj)	fryst	['frʏst]
em conserva (adj)	sylt-	['sylʲt-]

doce (adj)	söt	['sø:t]
salgado (adj)	salt	['salʲt]
frio (adj)	kall	['kalʲ]
quente (adj)	het, varm	['het], ['varm]
amargo (adj)	bitter	['bitər]
gostoso (adj)	läcker	['lʲɛkər]

cozinhar em água fervente	att koka	[at 'kʊka]
preparar (vt)	att laga	[at 'lʲaga]
fritar (vt)	att steka	[at 'steka]
aquecer (vt)	att värma upp	[at 'væ:rma up]

salgar (vt)	att salta	[at 'salʲta]
apimentar (vt)	att peppra	[at 'pepra]
ralar (vt)	att riva	[at 'riva]
casca (f)	skal (ett)	['skalʲ]
descascar (vt)	att skala	[at 'skalʲa]

41. Especiarias

sal (m)	salt (ett)	['salʲt]
salgado (adj)	salt	['salʲt]
salgar (vt)	att salta	[at 'salʲta]

pimenta-do-reino (f)	svartpeppar (en)	['sva:t,pɛpar]
pimenta (f) vermelha	rödpeppar (en)	['rø:d,pɛpar]
mostarda (f)	senap (en)	['se:nap]
raiz-forte (f)	pepparrot (en)	['pɛpa,rʊt]

condimento (m)	krydda (en)	['krʏda]
especiaria (f)	krydda (en)	['krʏda]
molho (~ inglês)	sås (en)	['so:s]
vinagre (m)	ättika (en)	['ætika]

anis estrelado (m)	anis (en)	['anis]
manjericão (m)	basilika (en)	[ba'silika]
cravo (m)	nejlika (en)	['nɛjlika]
gengibre (m)	ingefära (en)	['iŋəˌfæ:ra]
coentro (m)	koriander (en)	[kɔri'andər]
canela (f)	kanel (en)	[ka'nelʲ]

gergelim (m)	sesam (en)	['sesam]
folha (f) de louro	lagerblad (ett)	['lʲagərˌblʲad]
páprica (f)	paprika (en)	['paprika]
cominho (m)	kummin (en)	['kumin]
açafrão (m)	saffran (en)	['safran]

42. Refeições

| comida (f) | mat (en) | ['mat] |
| comer (vt) | att äta | [at 'ɛ:ta] |

café (m) da manhã	frukost (en)	['frʉ:kɔst]
tomar café da manhã	att äta frukost	[at 'ɛ:ta 'frʉ:kɔst]
almoço (m)	lunch (en)	['lʉnɕ]
almoçar (vi)	att äta lunch	[at 'ɛ:ta ˌlʉnɕ]
jantar (m)	kvällsmat (en)	['kvɛlʲsˌmat]
jantar (vi)	att äta kvällsmat	[at 'ɛ:ta 'kvɛlʲsˌmat]

| apetite (m) | aptit (en) | ['aptit] |
| Bom apetite! | Smaklig måltid! | ['smaklig 'mo:lʲtid] |

abrir (~ uma lata, etc.)	att öppna	[at 'øpna]
derramar (~ líquido)	att spilla	[at 'spilʲa]
derramar-se (vr)	att spillas ut	[at 'spilʲas ʉt]

ferver (vi)	att koka	[at 'kʊka]
ferver (vt)	att koka	[at 'kʊka]
fervido (adj)	kokt	['kʊkt]
esfriar (vt)	att avkyla	[at 'avˌɕylʲa]
esfriar-se (vr)	att avkylas	[at 'avˌɕylʲas]

| sabor, gosto (m) | smak (en) | ['smak] |
| fim (m) de boca | bismak (en) | ['bismak] |

emagrecer (vi)	att vara på diet	[at 'vara pɔ di'et]
dieta (f)	diet (en)	[di'et]
vitamina (f)	vitamin (ett)	[vita'min]
caloria (f)	kalori (en)	[kalʲɔ'ri:]
vegetariano (m)	vegetarian (en)	[vegetiri'an]
vegetariano (adj)	vegetarisk	[vege'tarisk]

gorduras (f pl)	fett (ett)	['fɛt]
proteínas (f pl)	proteiner (pl)	[prɔte'i:nər]
carboidratos (m pl)	kolhydrater (pl)	['kɔlʲhyˌdratər]
fatia (~ de limão, etc.)	skiva (en)	['ɧiva]
pedaço (~ de bolo)	bit (en)	['bit]
migalha (f), farelo (m)	smula (en)	['smʉlʲa]

43. Por a mesa

colher (f)	sked (en)	['ʃed]
faca (f)	kniv (en)	['kniv]
garfo (m)	gaffel (en)	['gafəlʲ]
xícara (f)	kopp (en)	['kop]
prato (m)	tallrik (en)	['talʲrik]
pires (m)	tefat (ett)	['te‚fat]
guardanapo (m)	servett (en)	[sɛr'vɛt]
palito (m)	tandpetare (en)	['tand‚petarə]

44. Restaurante

restaurante (m)	restaurang (en)	[rɛstɔ'raŋ]
cafeteria (f)	kafé (ett)	[ka'fe:]
bar (m), cervejaria (f)	bar (en)	['bar]
salão (m) de chá	tehus (ett)	['te:‚hʉs]
garçom (m)	servitör (en)	[sɛrvi'tø:r]
garçonete (f)	servitris (en)	[sɛrvi'tris]
barman (m)	bartender (en)	['ba:‚tɛndər]
cardápio (m)	meny (en)	[me'ny]
lista (f) de vinhos	vinlista (en)	['vin‚lista]
reservar uma mesa	att reservera bord	[at resɛr'vera bʉ:d]
prato (m)	rätt (en)	['ræt]
pedir (vt)	att beställa	[at be'stɛlʲa]
fazer o pedido	att beställa	[at be'stɛlʲa]
aperitivo (m)	aperitif (en)	[aperi'tif]
entrada (f)	förrätt (en)	['fœ:ræt]
sobremesa (f)	dessert (en)	[dɛ'sɛ:r]
conta (f)	nota (en)	['nʉta]
pagar a conta	att betala notan	[at be'talʲa 'nʉtan]
dar o troco	att ge tillbaka växel	[at je: tilʲ'baka 'vɛksəlʲ]
gorjeta (f)	dricks (en)	['driks]

Família, parentes e amigos

45. Informação pessoal. Formulários

nome (m)	namn (ett)	['namn]
sobrenome (m)	efternamn (ett)	['ɛftə‚ŋamn]
data (f) de nascimento	födelsedatum (ett)	['fø:dəlʲsə‚datum]
local (m) de nascimento	födelseort (en)	['fø:dəlʲsəˌɔ:t]
nacionalidade (f)	nationalitet (en)	[natʃʊnaliˈtet]
lugar (m) de residência	bostadsort (en)	['bostadsˌɔ:t]
país (m)	land (ett)	['lʲand]
profissão (f)	yrke (ett), profession (en)	['yrkə], [prɔfeˈʃʊn]
sexo (m)	kön (ett)	['ɕø:n]
estatura (f)	höjd (en)	['hœjd]
peso (m)	vikt (en)	['vikt]

46. Membros da família. Parentes

mãe (f)	mor (en)	['mʊr]
pai (m)	far (en)	['far]
filho (m)	son (en)	['sɔn]
filha (f)	dotter (en)	['dɔtər]
caçula (f)	yngsta dotter (en)	['yŋsta 'dɔtər]
caçula (m)	yngste son (en)	['yŋstə sɔn]
filha (f) mais velha	äldsta dotter (en)	['ɛlʲsta 'dɔtər]
filho (m) mais velho	äldste son (en)	['ɛlʲstə 'sɔn]
irmão (m)	bror (en)	['brʊr]
irmão (m) mais velho	storebror (en)	['stʊrə‚brʊr]
irmão (m) mais novo	lillebror (en)	['lilʲe‚brʊr]
irmã (f)	syster (en)	['sʏstər]
irmã (f) mais velha	storasyster (en)	['stʊra‚sʏstər]
irmã (f) mais nova	lillasyster (en)	['lilʲa‚sʏstər]
primo (m)	kusin (en)	[kʉ'si:n]
prima (f)	kusin (en)	[kʉ'si:n]
mamãe (f)	mamma (en)	['mama]
papai (m)	pappa (en)	['papa]
pais (pl)	föräldrar (pl)	[før'ɛlʲdrar]
criança (f)	barn (ett)	['ba:ɳ]
crianças (f pl)	barn (pl)	['ba:ɳ]
avó (f)	mormor, farmor (en)	['mʊrmʊr], ['farmʊr]
avô (m)	morfar, farfar (en)	['mʊrfar], ['farfar]
neto (m)	barnbarn (ett)	['ba:ɳ‚ba:ɳ]

neta (f)	barnbarn (ett)	['baːɳˌbaːɳ]
netos (pl)	barnbarn (pl)	['baːɳˌbaːɳ]
tio (m)	farbror, morbror (en)	['farˌbrʊr], ['mʊrˌbrʊr]
tia (f)	faster, moster (en)	['fastər], ['mʊstər]
sobrinho (m)	brorson, systerson (en)	['brʊrˌsɔn], ['sʏstəˌsɔn]
sobrinha (f)	brorsdotter, systerdotter (en)	['brʊːʂˌdɔtər], ['sʏstəˌdɔtər]
sogra (f)	svärmor (en)	['svæːrˌmʊr]
sogro (m)	svärfar (en)	['svæːrˌfar]
genro (m)	svärson (en)	['svæːˌsɔn]
madrasta (f)	styvmor (en)	['styvˌmʊr]
padrasto (m)	styvfar (en)	['styvˌfar]
criança (f) de colo	spädbarn (ett)	['spɛːdˌbaːɳ]
bebê (m)	spädbarn (ett)	['spɛːdˌbaːɳ]
menino (m)	baby, bäbis (en)	['bɛːbi], ['bɛːbis]
mulher (f)	hustru (en)	['hʊstrʉ]
marido (m)	man (en)	['man]
esposo (m)	make, äkta make (en)	['makə], ['ɛkta ˌmakə]
esposa (f)	hustru (en)	['hʊstrʉ]
casado (adj)	gift	['jift]
casada (adj)	gift	['jift]
solteiro (adj)	ogift	[ʊːˈjift]
solteirão (m)	ungkarl (en)	['ʊŋˌkar]
divorciado (adj)	frånskild	['froːnˌɧilʲd]
viúva (f)	änka (en)	['ɛŋka]
viúvo (m)	änkling (en)	['ɛŋkliŋ]
parente (m)	släkting (en)	['slʲɛktiŋ]
parente (m) próximo	nära släkting (en)	['næːra 'slʲɛktiŋ]
parente (m) distante	fjärran släkting (en)	['fjæːran 'slʲɛktiŋ]
parentes (m pl)	släktingar (pl)	['slʲɛktiŋar]
órfão (m), órfã (f)	föräldralöst barn (ett)	[før'ɛlʲdralʲœst 'baːɳ]
tutor (m)	förmyndare (en)	['førˌmʏndarə]
adotar (um filho)	att adoptera	[at adɔp'tera]
adotar (uma filha)	att adoptera	[at adɔp'tera]

Medicina

47. Doenças

doença (f)	sjukdom (en)	['ʃʉ:k‚dʊm]
estar doente	att vara sjuk	[at 'vara 'ʃʉ:k]
saúde (f)	hälsa, sundhet (en)	['hɛlʲsa], ['sund‚het]
nariz (m) escorrendo	snuva (en)	['snʉ:va]
amigdalite (f)	halsfluss, angina (en)	['halʲs‚flʉs], [aŋ'gina]
resfriado (m)	förkylning (en)	[før'çylʲniŋ]
ficar resfriado	att bli förkyld	[at bli før'çylʲd]
bronquite (f)	bronkit (en)	[brɔŋ'kit]
pneumonia (f)	lunginflammation (en)	['lʉŋ‚inflʲama'ʃʊn]
gripe (f)	influensa (en)	[inflʉ'ɛnsa]
míope (adj)	närsynt	['næ:‚sʏnt]
presbita (adj)	långsynt	['lʲɔŋ‚sʏnt]
estrabismo (m)	skelögdhet (en)	['ʃelʲøgd‚het]
estrábico, vesgo (adj)	skelögd	['ʃelʲ‚øgd]
catarata (f)	grå starr (en)	['gro: 'star]
glaucoma (m)	grön starr (en)	['grø:n 'star]
AVC (m), apoplexia (f)	stroke (en), hjärnslag (ett)	['stro:k], ['jæ:n‚slʲag]
ataque (m) cardíaco	infarkt (en)	[in'farkt]
enfarte (m) do miocárdio	hjärtinfarkt (en)	['jæ:ʈ in'farkt]
paralisia (f)	förlamning (en)	[fœ:'lʲamniŋ]
paralisar (vt)	att förlama	[at fœ:'lʲama]
alergia (f)	allergi (en)	[alʲer'gi]
asma (f)	astma (en)	['astma]
diabetes (f)	diabetes (en)	[dia'betəs]
dor (f) de dente	tandvärk (en)	['tand‚væ:rk]
cárie (f)	karies (en)	['karies]
diarreia (f)	diarré (en)	[dia're:]
prisão (f) de ventre	förstoppning (en)	[fœ:'ʂtɔpniŋ]
desarranjo (m) intestinal	magbesvär (ett)	['mag‚be'svɛ:r]
intoxicação (f) alimentar	matförgiftning (en)	['mat‚før'jiftniŋ]
intoxicar-se	att få matförgiftning	[at fo: 'mat‚før'jiftniŋ]
artrite (f)	artrit (en)	[a'ʈrit]
raquitismo (m)	rakitis (en)	[ra'kitis]
reumatismo (m)	reumatism (en)	[revma'tism]
arteriosclerose (f)	åderförkalkning (en)	['o:dɛrfør‚kalʲkniŋ]
gastrite (f)	gastrit (en)	[ga'strit]
apendicite (f)	appendicit (en)	[apɛndi'sit]

| colecistite (f) | cholecystit (en) | [holəsys'tit] |
| úlcera (f) | magsår (ett) | ['mag͵so:r] |

sarampo (m)	mässling (en)	['mɛs͵liŋ]
rubéola (f)	röda hund (en)	['rø:da 'hund]
icterícia (f)	gulsot (en)	['gɯ:lʲ͵sʊt]
hepatite (f)	hepatit (en)	[hepa'tit]

esquizofrenia (f)	schizofreni (en)	[skitsɔfre'ni:]
raiva (f)	rabies (en)	['rabies]
neurose (f)	neuros (en)	[nev'rɔs]
contusão (f) cerebral	hjärnskakning (en)	['jæ:n͵skakniŋ]

câncer (m)	cancer (en)	['kansər]
esclerose (f)	skleros (en)	[sklʲe'rɔs]
esclerose (f) múltipla	multipel skleros (en)	[mɯlʲ'tipəlʲ sklʲe'rɔs]

alcoolismo (m)	alkoholism (en)	[alʲkʊhɔ'lizm]
alcoólico (m)	alkoholist (en)	[alʲkʊhɔ'list]
sífilis (f)	syfilis (en)	['syfilis]
AIDS (f)	AIDS	['ɛjds]

tumor (m)	tumör (en)	[tɯ'mø:r]
maligno (adj)	elakartad	['ɛlʲak͵a:ʈad]
benigno (adj)	godartad	['gʊd͵a:ʈad]

febre (f)	feber (en)	['febər]
malária (f)	malaria (en)	[ma'lʲaria]
gangrena (f)	kallbrand (en)	['kalʲ͵brand]
enjoo (m)	sjösjuka (en)	['ɧø:͵ɧɯ:ka]
epilepsia (f)	epilepsi (en)	[epilʲep'si:]

epidemia (f)	epidemi (en)	[ɛpide'mi:]
tifo (m)	tyfus (en)	['tyfɯs]
tuberculose (f)	tuberkulos (en)	[tɯbɛrkɯ'lʲɔs]
cólera (f)	kolera (en)	['kʊlʲera]
peste (f) bubônica	pest (en)	['pɛst]

48. Sintomas. Tratamentos. Parte 1

sintoma (m)	symptom (ett)	[sʏmp'tɔm]
temperatura (f)	temperatur (en)	[tɛmpəra'tɯ:r]
febre (f)	hög temperatur (en)	['hø:g tɛmpəra'tɯ:r]
pulso (m)	puls (en)	['pulʲs]

vertigem (f)	yrsel, svindel (en)	['y:ʂəlʲ], ['svindəlʲ]
quente (testa, etc.)	varm	['varm]
calafrio (m)	rysning (en)	['rʏsniŋ]
pálido (adj)	blek	['blʲek]

tosse (f)	hosta (en)	['hʊsta]
tossir (vi)	att hosta	[at 'hʊsta]
espirrar (vi)	att nysa	[at 'nysa]
desmaio (m)	svimning (en)	['svimniŋ]

desmaiar (vi)	att svimma	[at 'svima]
mancha (f) preta	blåmärke (ett)	['blʲo:ˌmæːrkə]
galo (m)	bula (en)	['bʉːlʲa]
machucar-se (vr)	att slå sig	[at 'slʲo: sɛj]
contusão (f)	blåmärke (ett)	['blʲo:ˌmæːrkə]
machucar-se (vr)	att slå sig	[at 'slʲo: sɛj]

mancar (vi)	att halta	[at 'halʲta]
deslocamento (f)	vrickning (en)	['vrikniŋ]
deslocar (vt)	att förvrida	[at før'vrida]
fratura (f)	brott (ett), fraktur (en)	['brɔt], [frak'tʉːr]
fraturar (vt)	att få en fraktur	[at fo: en frak'tʉːr]

corte (m)	skärsår (ett)	['ɧæːˌʂoːr]
cortar-se (vr)	att skära sig	[at 'ɧæːra sɛj]
hemorragia (f)	blödning (en)	['blʲœdniŋ]

queimadura (f)	brännsår (ett)	['brɛnˌsoːr]
queimar-se (vr)	att bränna sig	[at 'brɛna sɛj]

picar (vt)	att sticka	[at 'stika]
picar-se (vr)	att sticka sig	[at 'stika sɛj]
lesionar (vt)	att skada	[at 'skada]
lesão (m)	skada (en)	['skada]
ferida (f), ferimento (m)	sår (ett)	['soːr]
trauma (m)	trauma (en)	['travma]

delirar (vi)	att tala i feberyra	[at 'talʲa i 'febəryra]
gaguejar (vi)	att stamma	[at 'stama]
insolação (f)	solsting (ett)	['sʊlʲˌstiŋ]

49. Sintomas. Tratamentos. Parte 2

dor (f)	värk, smärta (en)	['væːrk], ['smɛʈa]
farpa (no dedo, etc.)	sticka (en)	['stika]

suor (m)	svett (en)	['svɛt]
suar (vi)	att svettas	[at 'svɛtas]
vômito (m)	kräkning (en)	['krɛkniŋ]
convulsões (f pl)	kramper (pl)	['krampər]

grávida (adj)	gravid	[gra'vid]
nascer (vi)	att födas	[at 'føːdas]
parto (m)	förlossning (en)	[fœ:'lʲɔsniŋ]
dar à luz	att föda	[at 'føːda]
aborto (m)	abort (en)	[a'bɔːt]

respiração (f)	andning (en)	['andniŋ]
inspiração (f)	inandning (en)	['inˌandniŋ]
expiração (f)	utandning (en)	['ʉtˌandniŋ]
expirar (vi)	att andas ut	[at 'andas ʉt]
inspirar (vi)	att andas in	[at 'andas in]
inválido (m)	handikappad person (en)	['handiˌkapad pɛ'ʂʊn]
aleijado (m)	krympling (en)	['krʏmpliŋ]

drogado (m)	narkoman (en)	[narkʊ'man]
surdo (adj)	döv	['døːv]
mudo (adj)	stum	['stuːm]
surdo-mudo (adj)	dövstum	['døːvˌstuːm]

louco, insano (adj)	mentalsjuk, galen	['mental'ɧʉːk], ['galʲen]
louco (m)	dåre, galning (en)	['doːrə], ['galʲniŋ]
louca (f)	dåre, galning (en)	['doːrə], ['galʲniŋ]
ficar louco	att bli sinnessjuk	[at bli 'sinɛsˌɧʉːk]

gene (m)	gen (en)	['jen]
imunidade (f)	immunitet (en)	[imʉni'teːt]
hereditário (adj)	ärftlig	['æːrftlig]
congênito (adj)	medfödd	['medˌfœd]

vírus (m)	virus (ett)	['viːrʉs]
micróbio (m)	mikrob (en)	[mi'krɔb]
bactéria (f)	bakterie (en)	[bak'teriə]
infecção (f)	infektion (en)	[infɛk'ɧʊn]

50. Sintomas. Tratamentos. Parte 3

| hospital (m) | sjukhus (ett) | ['ɧʉːkˌhʉs] |
| paciente (m) | patient (en) | [pasi'ent] |

diagnóstico (m)	diagnos (en)	[dia'gnɔs]
cura (f)	kur (en)	['kʉːr]
tratamento (m) médico	behandling (en)	[be'handliŋ]
curar-se (vr)	att bli behandlad	[at bli be'handlʲad]
tratar (vt)	att behandla	[at be'handlʲa]
cuidar (pessoa)	att sköta	[at 'ɧøːta]
cuidado (m)	vård (en)	['voːɖ]

operação (f)	operation (en)	[ɔpera'ɧʊn]
enfaixar (vt)	att förbinda	[at før'binda]
enfaixamento (m)	förbindning (en)	[før'bindniŋ]

vacinação (f)	vaccination (en)	[vaksina'ɧʊn]
vacinar (vt)	att vaksinera	[at vaksi'nera]
injeção (f)	injektion (en)	[injɛk'ɧʊn]
dar uma injeção	att ge en spruta	[at je: en 'sprʉta]

ataque (~ de asma, etc.)	anfall (ett), attack (en)	['anfalʲ], [a'tak]
amputação (f)	amputation (en)	[ampʉta'ɧʊn]
amputar (vt)	att amputera	[at ampʉ'tera]
coma (f)	koma (ett)	['kɔma]
estar em coma	att ligga i koma	[at 'liga i 'kɔma]
reanimação (f)	intensivavdelning (en)	[intɛn'sivˌav'dɛlʲniŋ]

recuperar-se (vr)	att återhämta sig	[at 'oːterˌhɛmta sɛj]
estado (~ de saúde)	tillstånd (ett)	['tilʲˌstɔnd]
consciência (perder a ~)	medvetande (ett)	['medˌvetandə]
memória (f)	minne (ett)	['minə]
tirar (vt)	att dra ut	[at 'dra ʉt]

obturação (f)	plomb (en)	['plʲɔmb]
obturar (vt)	att plombera	[at plʲɔm'bera]

hipnose (f)	hypnos (en)	[hʏp'nɔs]
hipnotizar (vt)	att hypnotisera	[at 'hʏpnɔtiˌsera]

51. Médicos

médico (m)	läkare (en)	['lʲɛːkarə]
enfermeira (f)	sjuksköterska (en)	['ɧʉːkˌɧøːtɛʂka]
médico (m) pessoal	personlig läkare (en)	[pɛ'ʂʊnlig 'lʲɛːkarə]

dentista (m)	tandläkare (en)	['tandˌlʲɛːkarə]
oculista (m)	ögonläkare (en)	['øːgɔnˌlʲɛːkarə]
terapeuta (m)	terapeut (en)	[tera'peft]
cirurgião (m)	kirurg (en)	[ɕi'rɵrg]

psiquiatra (m)	psykiater (en)	[syki'atər]
pediatra (m)	barnläkare (en)	['baːɳˌlʲɛːkarə]
psicólogo (m)	psykolog (en)	[sykʊ'lʲɔg]
ginecologista (m)	gynekolog (en)	[ginekʊ'lʲɔg]
cardiologista (m)	kardiolog (en)	[kaːɖiʊ'lʲɔg]

52. Medicina. Drogas. Acessórios

medicamento (m)	medicin (en)	[medi'sin]
remédio (m)	medel (ett)	['medəlʲ]
receitar (vt)	att ordinera	[at oːɖi'nera]
receita (f)	recept (ett)	[re'sɛpt]

comprimido (m)	tablett (en)	[tab'lʲet]
unguento (m)	salva (en)	['salʲva]
ampola (f)	ampull (en)	[am'pulʲ]
solução, preparado (m)	mixtur (en)	[miks'tɵːr]
xarope (m)	sirap (en)	['sirap]
cápsula (f)	piller (ett)	['pilʲer]
pó (m)	pulver (ett)	['pulʲvər]

atadura (f)	gasbinda (en)	['gasˌbinda]
algodão (m)	vadd (en)	['vad]
iodo (m)	jod (en)	['jʊd]

curativo (m) adesivo	plåster (ett)	['plʲɔstər]
conta-gotas (m)	pipett (en)	[pi'pɛt]
termômetro (m)	termometer (en)	[tɛrmʊ'metər]
seringa (f)	spruta (en)	['sprɵta]

cadeira (f) de rodas	rullstol (en)	['rʉlʲˌstʊlʲ]
muletas (f pl)	kryckor (pl)	['krʏkʊr]

analgésico (m)	smärtstillande medel (ett)	['smæːʈˌstilʲande 'medəlʲ]
laxante (m)	laxermedel (ett)	['lʲaksər 'medəlʲ]

álcool (m)	**sprit (en)**	['sprit]
ervas (f pl) medicinais	**läkeväxter** (pl)	['lˌɛkəˌvɛkstər]
de ervas (chá ~)	**ört-**	['øːt-]

HABITAT HUMANO

Cidade

53. Cidade. Vida na cidade

cidade (f)	stad (en)	['stad]
capital (f)	huvudstad (en)	['hʉːvʉdˌstad]
aldeia (f)	by (en)	['by]
mapa (m) da cidade	stadskarta (en)	['stadsˌkaːʈa]
centro (m) da cidade	centrum (ett)	['sɛntrum]
subúrbio (m)	förort (en)	['førˌʊːʈ]
suburbano (adj)	förorts-	['førˌʊːʈs-]
periferia (f)	utkant (en)	['ʉtˌkant]
arredores (m pl)	omgivningar (pl)	['ɔmjiːvniŋar]
quarteirão (m)	kvarter (ett)	[kvaː'ʈər]
quarteirão (m) residencial	bostadskvarter (ett)	['bʊstadsˌkvaː'ʈər]
tráfego (m)	trafik (en)	[tra'fik]
semáforo (m)	trafikljus (ett)	[tra'fikjʉːs]
transporte (m) público	offentlig transport (en)	[ɔ'fɛntli trans'pɔːʈ]
cruzamento (m)	korsning (en)	['kɔːʂniŋ]
faixa (f)	övergångsställe (ett)	['øːvergɔŋsˌstɛlʲe]
túnel (m) subterrâneo	gångtunnel (en)	['gɔŋˌtunəlʲ]
cruzar, atravessar (vt)	att gå över	[at 'goː 'øːvər]
pedestre (m)	fotgängare (en)	['fʊtˌjenarə]
calçada (f)	trottoar (en)	[trɔtʊ'ar]
ponte (f)	bro (en)	['brʊ]
margem (f) do rio	kaj (en)	['kaj]
fonte (f)	fontän (en)	[fɔn'tɛn]
alameda (f)	allé (en)	[a'lʲeː]
parque (m)	park (en)	['park]
bulevar (m)	boulevard (en)	[bʉlʲe'vaːd]
praça (f)	torg (ett)	['tɔrj]
avenida (f)	aveny (en)	[ave'ny]
rua (f)	gata (en)	['gata]
travessa (f)	sidogata (en)	['sidʊˌgata]
beco (m) sem saída	återvändsgränd (en)	['oːtərvɛnsˌgrɛnd]
casa (f)	hus (ett)	['hʉs]
edifício, prédio (m)	byggnad (en)	['bygnad]
arranha-céu (m)	skyskrapa (en)	['ɧyˌskrapa]
fachada (f)	fasad (en)	[fa'sad]
telhado (m)	tak (ett)	['tak]

janela (f)	fönster (ett)	['fœnstər]
arco (m)	båge (en)	['boːgə]
coluna (f)	kolonn (en)	[kʊ'lɔn]
esquina (f)	knut (en)	['knʉt]
vitrine (f)	skyltfönster (ett)	['ʃylʲt͵fœnstər]
letreiro (m)	skylt (en)	['ʃylʲt]
cartaz (do filme, etc.)	affisch (en)	[a'fiːʃ]
cartaz (m) publicitário	reklamplakat (ett)	[rɛ'klʲam͵plʲa'kat]
painel (m) publicitário	reklamskylt (en)	[rɛ'klʲam͵ʃylʲt]
lixo (m)	sopor, avfall (ett)	['sʊpʊr], ['avfalʲ]
lata (f) de lixo	soptunna (en)	['sʊp͵tuna]
jogar lixo na rua	att skräpa ner	[at 'skrɛːpa ner]
aterro (m) sanitário	soptipp (en)	['sʊp͵tip]
orelhão (m)	telefonkiosk (en)	[telʲe'fɔn͵çøsk]
poste (m) de luz	lyktstolpe (en)	['lʲyk͵stɔlʲpə]
banco (m)	bänk (ett)	['bɛŋk]
polícia (m)	polis (en)	[pʊ'lis]
polícia (instituição)	polis (en)	[pʊ'lis]
mendigo, pedinte (m)	tiggare (en)	['tigarə]
desabrigado (m)	hemlös (ett)	['hɛmlʲøːs]

54. Instituições urbanas

loja (f)	affär, butik (en)	[a'fæːr], [bu'tik]
drogaria (f)	apotek (ett)	[apʊ'tek]
ótica (f)	optiker (en)	['ɔptikər]
centro (m) comercial	köpcenter (ett)	['çøːp͵sɛntɛr]
supermercado (m)	snabbköp (ett)	['snab͵çøːp]
padaria (f)	bageri (ett)	[bage'riː]
padeiro (m)	bagare (en)	['bagarə]
pastelaria (f)	konditori (ett)	[kɔnditʊ'riː]
mercearia (f)	speceriaffär (en)	[spese'ri a'fæːr]
açougue (m)	slaktare butik (en)	['slʲaktarə bu'tik]
fruteira (f)	grönsakshandel (en)	['grøːnsaks͵handəlʲ]
mercado (m)	marknad (en)	['marknad]
cafeteria (f)	kafé (ett)	[ka'feː]
restaurante (m)	restaurang (en)	[rɛstɔ'raŋ]
bar (m)	pub (en)	['pub]
pizzaria (f)	pizzeria (en)	[pitse'ria]
salão (m) de cabeleireiro	frisersalong (en)	['frisər ʂa͵lʲɔŋ]
agência (f) dos correios	post (en)	['pɔst]
lavanderia (f)	kemtvätt (en)	['çemtvæt]
estúdio (m) fotográfico	fotoateljé (en)	['fʊtʊ atə͵lje:]
sapataria (f)	skoaffär (en)	['skʊːa͵fæːr]
livraria (f)	bokhandel (en)	['bʊk͵handəlʲ]

loja (f) de artigos esportivos	sportaffär (en)	['spɔːʈ a'fæːr]
costureira (m)	klädreparationer (en)	['klʲɛd 'repara‚ʂunər]
aluguel (m) de roupa	kläduthyrning (en)	['klʲɛd ʉ'tyːŋiŋ]
videolocadora (f)	filmuthyrning (en)	['filʲm ʉ'tyːŋiŋ]

circo (m)	cirkus (en)	['sirkʉs]
jardim (m) zoológico	zoo (ett)	['sʊː]
cinema (m)	biograf (en)	[biʊ'graf]
museu (m)	museum (ett)	[mʉ'seum]
biblioteca (f)	bibliotek (ett)	[bibliʊ'tek]

teatro (m)	teater (en)	[te'atər]
ópera (f)	opera (en)	['ʊpera]
boate (casa noturna)	nattklubb (en)	['nat‚klʉb]
cassino (m)	kasino (ett)	[ka'sinʊ]

mesquita (f)	moské (en)	[mʊs'keː]
sinagoga (f)	synagoga (en)	['syna‚gɔga]
catedral (f)	katedral (en)	[katɛ'dralʲ]
templo (m)	tempel (ett)	['tɛmpəlʲ]
igreja (f)	kyrka (en)	['ɕyrka]

faculdade (f)	institut (ett)	[insti'tʉt]
universidade (f)	universitet (ett)	[univɛʂi'tet]
escola (f)	skola (en)	['skʊlʲa]

prefeitura (f)	prefektur (en)	[prefɛk'tʉːr]
câmara (f) municipal	rådhus (en)	['rɔd‚hʉs]
hotel (m)	hotell (ett)	[hʊ'tɛlʲ]
banco (m)	bank (en)	['baŋk]

embaixada (f)	ambassad (en)	[amba'sad]
agência (f) de viagens	resebyrå (en)	['reseby‚rɔː]
agência (f) de informações	informationsbyrå (en)	[informa'ɧuns by‚rɔː]
casa (f) de câmbio	växelkontor (ett)	['vɛksəlʲ kɔn'tʊr]

| metrô (m) | tunnelbana (en) | ['tunəlʲ‚bana] |
| hospital (m) | sjukhus (ett) | ['ɧʉːk‚hʉs] |

| posto (m) de gasolina | bensinstation (en) | [bɛn'sin‚sta'ɧun] |
| parque (m) de estacionamento | parkeringsplats (en) | [par'keriŋs‚plʲats] |

55. Sinais

letreiro (m)	skylt (en)	['ɧylʲt]
aviso (m)	inskrift (en)	['in‚skrift]
cartaz, pôster (m)	poster, löpsedel (en)	['pɔstər], ['løp‚sedəlʲ]
placa (f) de direção	vägvisare (en)	['vɛː‚g‚visarə]
seta (f)	pil (en)	['pilʲ]

aviso (advertência)	varning (en)	['vaːɳiŋ]
sinal (m) de aviso	varningsskylt (en)	['vaːɳiŋs ‚ɧylʲt]
avisar, advertir (vt)	att varna	[at 'vaːɳa]
dia (m) de folga	fridag (en)	['fri‚dag]

horário (~ dos trens, etc.)	**tidtabell (en)**	['tid ta'bɛlʲ]
horário (m)	**öppettider** (pl)	['øpetˌtiːdər]
BEM-VINDOS!	**VÄLKOMMEN!**	['vɛlʲˌkomən]
ENTRADA	**INGÅNG**	['inˌgɔŋ]
SAÍDA	**UTGÅNG**	['ʉtˌgɔŋ]
EMPURRE	**TRYCK**	['trʏk]
PUXE	**DRAG**	['drag]
ABERTO	**ÖPPET**	['øpet]
FECHADO	**STÄNGT**	['stɛŋt]
MULHER	**DAMER**	['damər]
HOMEM	**HERRAR**	['hɛ'rar]
DESCONTOS	**RABATT**	[ra'bat]
SALDOS, PROMOÇÃO	**REA**	['rea]
NOVIDADE!	**NYHET!**	['nyhet]
GRÁTIS	**GRATIS**	['gratis]
ATENÇÃO!	**OBS!**	['ɔbs]
NÃO HÁ VAGAS	**FUIIBOKAT**	['fulʲˌbʉkat]
RESERVADO	**RESERVERAT**	[resɛr'verat]
ADMINISTRAÇÃO	**ADMINISTRATION**	[administra'ɧʉn]
SOMENTE PESSOAL AUTORIZADO	**ENDAST PERSONAL**	['ɛndast pɛʂu'nalʲ]
CUIDADO CÃO FEROZ	**VARNING FÖR HUNDEN**	['vaːɳiŋ før 'hundən]
PROIBIDO FUMAR!	**RÖKNING FÖRBJUDEN**	['rœkniŋ før'bjʉːdən]
NÃO TOCAR	**FÅR EJ VIDRÖRAS!**	['foːr ej 'vidrøːras]
PERIGOSO	**FARLIG**	['faːlʲig]
PERIGO	**FARA**	['fara]
ALTA TENSÃO	**HÖGSPÄNNING**	['høːgˌspɛniŋ]
PROIBIDO NADAR	**BADNING FÖRBJUDEN**	['badniŋ før'bjʉːdən]
COM DEFEITO	**UR FUNKTION**	['ʉr fuŋk'ɧʉn]
INFLAMÁVEL	**BRANDFARLIG**	['brandˌfaːlʲig]
PROIBIDO	**FÖRBJUD**	[før'bjʉːd]
ENTRADA PROIBIDA	**TIIITRÄDE FÖRBJUDET**	['tilʲtrɛːdə før'bjʉːdət]
CUIDADO TINTA FRESCA	**NYMÅLAT**	['nyˌmoːlʲat]

56. Transportes urbanos

ônibus (m)	**buss (en)**	['bus]
bonde (m) elétrico	**spårvagn (en)**	['spoːrˌvagn]
trólebus (m)	**trådbuss (en)**	['troːdˌbus]
rota (f), itinerário (m)	**rutt (en)**	['rut]
número (m)	**nummer (ett)**	['numər]
ir de ... (carro, etc.)	**att åka med ...**	[at 'oːka me ...]
entrar no ...	**att stiga på ...**	[at 'stiga pɔ ...]
descer do ...	**att stiga av ...**	[at 'stiga 'av ...]

parada (f)	hållplats (en)	['ho:lˈˌplats]
próxima parada (f)	nästa hållplats (en)	['nɛsta 'hɔ:lˈˌplats]
terminal (m)	slutstation (en)	['slutˌsta'ɧʊn]
horário (m)	tidtabell (en)	['tid ta'bɛlˈ]
esperar (vt)	att vänta	[at 'vɛnta]

| passagem (f) | biljett (en) | [bi'lˈet] |
| tarifa (f) | biljettpris (ett) | [bi'lˈetˌpris] |

bilheteiro (m)	kassör (en)	[ka'sø:r]
controle (m) de passagens	biljettkontroll (en)	[bi'lˈet kɔn'trolˈ]
revisor (m)	kontrollant (en)	[kɔntrɔ'lˈant]

atrasar-se (vr)	att komma för sent	[at 'kɔma før 'sɛnt]
perder (o autocarro, etc.)	att komma för sent till ...	[at 'kɔma før 'sɛnt tilˈ ...]
estar com pressa	att skynda sig	[at 'ɧynda sɛj]

táxi (m)	taxi (en)	['taksi]
taxista (m)	taxichaufför (en)	['taksi ɧɔ'fø:r]
de táxi (ir ~)	med taxi	[me 'taksi]
ponto (m) de táxis	taxihållplats (en)	['taksi 'ho:lˈˌplˈats]
chamar um táxi	att ringa efter taxi	[at 'riŋa ˌɛftə 'taksi]
pegar um táxi	att ta en taxi	[at ta en 'taksi]

tráfego (m)	trafik (en)	[tra'fik]
engarrafamento (m)	trafikstopp (ett)	[tra'fikˌstɔp]
horas (f pl) de pico	rusningstid (en)	['rusniŋsˌtid]
estacionar (vi)	att parkera	[at par'kera]
estacionar (vt)	att parkera	[at par'kera]
parque (m) de estacionamento	parkeringsplats (en)	[par'keriŋsˌplˈats]

metrô (m)	tunnelbana (en)	['tunəlˈˌbana]
estação (f)	station (en)	[sta'ɧʊn]
ir de metrô	att ta tunnelbanan	[at ta 'tunəlˈˌbanan]
trem (m)	tåg (ett)	['to:g]
estação (f) de trem	tågstation (en)	['to:gˌsta'ɧʊn]

57. Turismo

monumento (m)	monument (ett)	[mɔnu'mɛnt]
fortaleza (f)	fästning (en)	['fɛstniŋ]
palácio (m)	palats (ett)	[pa'lˈats]
castelo (m)	borg (en)	['bɔrj]
torre (f)	torn (ett)	['tʊ:ŋ]
mausoléu (m)	mausoleum (ett)	[maʊsʊ'lˈeum]

arquitetura (f)	arkitektur (en)	[arkitɛk'tʊ:r]
medieval (adj)	medeltida	['medəlˈˌtida]
antigo (adj)	gammal	['gamalˈ]
nacional (adj)	nationell	[natɧʊ'nɛlˈ]
famoso, conhecido (adj)	berömd	[be'rœmd]

| turista (m) | turist (en) | [tu'rist] |
| guia (pessoa) | guide (en) | ['gajd] |

excursão (f)	utflykt (en)	['ʉt̩flʲykt]
mostrar (vt)	att visa	[at 'visa]
contar (vt)	att berätta	[at be'ræta]

encontrar (vt)	att hitta	[at 'hita]
perder-se (vr)	att gå vilse	[at 'go: 'vilʲsə]
mapa (~ do metrô)	karta (en)	['ka:ţa]
mapa (~ da cidade)	karta (en)	['ka:ţa]

lembrança (f), presente (m)	souvenir (en)	[suvɛ'ni:r]
loja (f) de presentes	souvenirbutik (en)	[suvɛ'ni:r bu'tik]
tirar fotos, fotografar	att fotografera	[at fʊtʊgra'fera]
fotografar-se (vr)	att bli fotograferad	[at bli fʊtʊgra'ferad]

58. Compras

comprar (vt)	att köpa	[at 'çø:pa]
compra (f)	inköp (ett)	['in̩çø:p]
fazer compras	att shoppa	[at 'ʃɔpa]
compras (f pl)	shopping (en)	['ʃɔpiŋ]

estar aberta (loja)	att vara öppen	[at 'vara 'øpən]
estar fechada	att vara stängd	[at 'vara stɛŋd]

calçado (m)	skodon (pl)	['skʊdʊn]
roupa (f)	kläder (pl)	['klʲɛ:dər]
cosméticos (m pl)	kosmetika (en)	[kɔs'mɛtika]
alimentos (m pl)	matvaror (pl)	['mat̩varʊr]
presente (m)	gåva, present (en)	['go:va], [pre'sɛnt]

vendedor (m)	försäljare (en)	[fœ:'ʂɛljarə]
vendedora (f)	försäljare (en)	[fœ:'ʂɛljarə]

caixa (f)	kassa (en)	['kasa]
espelho (m)	spegel (en)	['spegəlʲ]
balcão (m)	disk (en)	['disk]
provador (m)	provrum (ett)	['prʊv̩ru:m]

provar (vt)	att prova	[at 'prʊva]
servir (roupa, caber)	att passa	[at 'pasa]
gostar (apreciar)	att gilla	[at 'jilʲa]

preço (m)	pris (ett)	['pris]
etiqueta (f) de preço	prislapp (en)	['pris̩lʲap]
custar (vt)	att kosta	[at 'kɔsta]
Quanto?	Hur mycket?	[hʉr 'mʏkə]
desconto (m)	rabatt (en)	[ra'bat]

não caro (adj)	billig	['bilig]
barato (adj)	billig	['bilig]
caro (adj)	dyr	['dyr]
É caro	Det är dyrt	[dɛ æ:r 'dy:t]
aluguel (m)	uthyrning (en)	['ʉt̩hyŋiŋ]
alugar (roupas, etc.)	att hyra	[at 'hyra]

| crédito (m) | kredit (en) | [kre'dit] |
| a crédito | på kredit | [pɔ kre'dit] |

59. Dinheiro

dinheiro (m)	pengar (pl)	['pɛŋar]
câmbio (m)	växling (en)	['vɛksliŋ]
taxa (f) de câmbio	kurs (en)	['kuːʂ]
caixa (m) eletrônico	bankomat (en)	[baŋkʊ'mat]
moeda (f)	mynt (ett)	['mʏnt]

| dólar (m) | dollar (en) | ['dɔlʲar] |
| euro (m) | euro (en) | ['ɛvrɔ] |

lira (f)	lire (en)	['lirə]
marco (m)	mark (en)	['mark]
franco (m)	franc (en)	['fran]
libra (f) esterlina	pund sterling (ett)	['puŋ stɛr'liŋ]
iene (m)	yen (en)	['jɛn]

dívida (f)	skuld (en)	['skʉlʲd]
devedor (m)	gäldenär (en)	[jɛlʲdɛ'næːr]
emprestar (vt)	att låna ut	[at 'lʲoːna ʉt]
pedir emprestado	att låna	[at 'lʲoːna]

banco (m)	bank (en)	['baŋk]
conta (f)	konto (ett)	['kɔntʊ]
depositar (vt)	att sätta in	[at 'sæta in]
depositar na conta	att sätta in på kontot	[at 'sæta in pɔ 'kɔntʊt]
sacar (vt)	att ta ut från kontot	[at ta ʉt frɔn 'kɔntʊt]

cartão (m) de crédito	kreditkort (ett)	[kre'dit̩kɔːt]
dinheiro (m) vivo	kontanter (pl)	[kɔn'tantər]
cheque (m)	check (en)	['ɕɛk]
passar um cheque	att skriva en check	[at 'skriva en 'ɕɛk]
talão (m) de cheques	checkbok (en)	['ɕɛk̩bʊk]

carteira (f)	plånbok (en)	['plʲoːn̩bʊk]
niqueleira (f)	börs (en)	['bøːʂ]
cofre (m)	säkerhetsskåp (ett)	['sɛːkərhets̩skoːp]

herdeiro (m)	arvinge (en)	['arviŋə]
herança (f)	arv (ett)	['arv]
fortuna (riqueza)	förmögenhet (en)	[førˈmøgən̩het]

arrendamento (m)	hyra (en)	['hyra]
aluguel (pagar o ~)	hyra (en)	['hyra]
alugar (vt)	att hyra	[at 'hyra]

preço (m)	pris (ett)	['pris]
custo (m)	kostnad (en)	['kɔstnad]
soma (f)	summa (en)	['suma]
gastar (vt)	att lägga ut	[at 'lʲɛga ʉt]
gastos (m pl)	utgifter (pl)	['ʉt̩jiftər]

| economizar (vi) | att spara | [at 'spara] |
| econômico (adj) | sparsam | ['spa:ṣam] |

pagar (vt)	att betala	[at be'talʲa]
pagamento (m)	betalning (en)	[be'talʲniŋ]
troco (m)	växel (en)	['vɛksəlʲ]

imposto (m)	skatt (en)	['skat]
multa (f)	bot (en)	['bʊt]
multar (vt)	att bötfälla	[at 'bøt‚fɛlʲa]

60. Correios. Serviço postal

agência (f) dos correios	post (en)	['pɔst]
correio (m)	post (en)	['pɔst]
carteiro (m)	brevbärare (en)	['brev‚bæ:rarə]
horário (m)	öppettider (pl)	['øpet‚ti:dər]

carta (f)	brev (ett)	['brev]
carta (f) registada	rekommenderat brev (ett)	[rekɔmən'derat brev]
cartão (m) postal	postkort (ett)	['pɔst‚kɔ:t]
telegrama (m)	telegram (ett)	[telʲe'gram]
encomenda (f)	postpaket (ett)	['pɔst pa‚ket]
transferência (f) de dinheiro	pengaöverföring (en)	['pɛŋa‚øvə'fø:riŋ]

receber (vt)	att ta emot	[at ta ɛmo:t]
enviar (vt)	att skicka	[at 'ɧika]
envio (m)	avsändning (en)	['av‚sɛndniŋ]

endereço (m)	adress (en)	[a'drɛs]
código (m) postal	postnummer (ett)	['pɔst‚numər]
remetente (m)	avsändare (en)	['av‚sɛndarə]
destinatário (m)	mottagare (en)	['mɔt‚tagarə]

| nome (m) | förnamn (ett) | ['fœ:‚ɳamn] |
| sobrenome (m) | efternamn (ett) | ['ɛftə‚ɳamn] |

tarifa (f)	tariff (en)	[ta'rif]
ordinário (adj)	vanlig	['vanlig]
econômico (adj)	ekonomisk	[ɛkʊ'nɔmisk]

peso (m)	vikt (en)	['vikt]
pesar (estabelecer o peso)	att väga	[at 'vɛ:ga]
envelope (m)	kuvert (ett)	[kʉ:'vær]
selo (m) postal	frimärke (ett)	['fri‚mærkə]
colar o selo	att sätta på frimärke	[at 'sæta pɔ 'fri‚mærkə]

Moradia. Casa. Lar

61. Casa. Eletricidade

eletricidade (f)	elektricitet (en)	[ɛlʲektrisiˈtet]
lâmpada (f)	glödlampa (en)	[ˈɡlʲøːdˌlʲampa]
interruptor (m)	strömbrytare (en)	[ˈstrɶːmˌbrytarə]
fusível, disjuntor (m)	propp (en)	[ˈprɔp]
fio, cabo (m)	ledning (en)	[ˈlʲedniŋ]
instalação (f) elétrica	ledningsnät (ett)	[ˈlʲedniŋsˌnɛːt]
medidor (m) de eletricidade	elmätare (en)	[ˈɛlʲˌmɛːtarə]
indicação (f), registro (m)	avläsningar (pl)	[ˈavˌlʲɛsniŋar]

62. Moradia. Mansão

casa (f) de campo	fritidshus (ett)	[ˈfritidsˌhʉs]
vila (f)	villa (en)	[ˈvilʲa]
ala (~ do edifício)	vinge (en)	[ˈviŋə]
jardim (m)	trädgård (en)	[ˈtrɛːɡoːɖ]
parque (m)	park (en)	[ˈpark]
estufa (f)	växthus (ett)	[ˈvɛkstˌhʉs]
cuidar de ...	att ta hand	[at ta ˈhand]
piscina (f)	simbassäng (en)	[ˈsimbaˌsɛŋ]
academia (f) de ginástica	gym (ett)	[ˈdʒym]
quadra (f) de tênis	tennisbana (en)	[ˈtɛnisˌbana]
cinema (m)	hemmabio (en)	[ˈhɛmaˌbiːʊ]
garagem (f)	garage (ett)	[ɡaˈraʃ]
propriedade (f) privada	privategendom (en)	[priˈvat ˈɛɡənˌdʊm]
terreno (m) privado	privat tomt (en)	[priˈvat tɔmt]
advertência (f)	varning (en)	[ˈvaːɳiŋ]
sinal (m) de aviso	varningsskylt (en)	[ˈvaːɳiŋs ˌɧylʲt]
guarda (f)	säkerhet (en)	[ˈsɛːkərˌhet]
guarda (m)	säkerhetsvakt (en)	[ˈsɛːkərhetsˌvakt]
alarme (m)	tjuvlarm (ett)	[ˈɕʉvlʲarm]

63. Apartamento

apartamento (m)	lägenhet (en)	[ˈlʲeːɡənˌhet]
quarto, cômodo (m)	rum (ett)	[ˈruːm]
quarto (m) de dormir	sovrum (ett)	[ˈsɔvˌrum]

sala (f) de jantar	matsal (en)	['matsalʲ]
sala (f) de estar	vardagsrum (ett)	['vaːɖasˌrum]
escritório (m)	arbetsrum (ett)	['arbetsˌrum]
sala (f) de entrada	entréhall (en)	[ɛntreːhalʲ]
banheiro (m)	badrum (ett)	['badˌruːm]
lavabo (m)	toalett (en)	[tʊa'lʲet]
teto (m)	tak (ett)	['tak]
chão, piso (m)	golv (ett)	['gɔlʲv]
canto (m)	hörn (ett)	['høːɳ]

64. Mobiliário. Interior

mobiliário (m)	möbel (en)	['møːbəlʲ]
mesa (f)	bord (ett)	['bʊːɖ]
cadeira (f)	stol (en)	['stʊlʲ]
cama (f)	säng (en)	['sɛŋ]
sofá, divã (m)	soffa (en)	['sɔfa]
poltrona (f)	fåtölj, länstol (en)	[foː'tœlj], ['lɛnˌstʊlʲ]
estante (f)	bokhylla (en)	['bʊkˌhylʲa]
prateleira (f)	hylla (en)	['hylʲa]
guarda-roupas (m)	garderob (en)	[gaːɖə'rɔːb]
cabide (m) de parede	knagg (en)	['knag]
cabideiro (m) de pé	klädhängare (en)	['klʲɛdˌhɛŋarə]
cômoda (f)	byrå (en)	['byrɔː]
mesinha (f) de centro	soffbord (ett)	['sɔfˌbʊːɖ]
espelho (m)	spegel (en)	['spegəlʲ]
tapete (m)	matta (en)	['mata]
tapete (m) pequeno	liten matta (en)	['litən 'mata]
lareira (f)	kamin (en), eldstad (ett)	[ka'min], ['ɛlʲdˌstad]
vela (f)	ljus (ett)	['jʉːs]
castiçal (m)	ljusstake (en)	['jʉːsˌstakə]
cortinas (f pl)	gardiner (pl)	[gaː'ɖinər]
papel (m) de parede	tapet (en)	[ta'pet]
persianas (f pl)	persienn (en)	[pɛ'ʂjen]
luminária (f) de mesa	bordslampa (en)	['bʊːɖsˌlʲampa]
luminária (f) de parede	vägglampa (en)	['vɛgˌlʲampa]
abajur (m) de pé	golvlampa (en)	['gɔlʲvˌlʲampa]
lustre (m)	ljuskrona (en)	['jʉːsˌkrʊna]
pé (de mesa, etc.)	ben (ett)	['beːn]
braço, descanso (m)	armstöd (ett)	['armˌstøːd]
costas (f pl)	rygg (en)	['rʏg]
gaveta (f)	låda (en)	['lʲoːda]

65. Quarto de dormir

roupa (f) de cama	sängkläder (pl)	['sɛŋˌklʲɛ:dər]
travesseiro (m)	kudde (en)	['kudə]
fronha (f)	örngott (ett)	['ø:n̩ˌgɔt]
cobertor (m)	duntäcke (ett)	['dʉ:n̩ˌtɛkə]
lençol (m)	lakan (ett)	['lʲakan]
colcha (f)	överkast (ett)	['ø:vəˌkast]

66. Cozinha

cozinha (f)	kök (ett)	['çø:k]
gás (m)	gas (en)	['gas]
fogão (m) a gás	gasspis (en)	['gasˌspis]
fogão (m) elétrico	elektrisk spis (en)	[ɛ'lʲektrisk ˌspis]
forno (m)	bakugn (en)	['bakˌugn]
forno (m) de micro-ondas	mikrovågsugn (en)	['mikrʊvɔgsˌugn]

geladeira (f)	kylskåp (ett)	['çylʲˌsko:p]
congelador (m)	frys (en)	['frys]
máquina (f) de lavar louça	diskmaskin (en)	['diskˌma'ɧi:n]

moedor (m) de carne	köttkvarn (en)	['çœtˌkva:ɳ]
espremedor (m)	juicepress (en)	['ju:sˌprɛs]
torradeira (f)	brödrost (en)	['brø:dˌrost]
batedeira (f)	mixer (en)	['miksər]

máquina (f) de café	kaffebryggare (en)	['kafəˌbrʏgarə]
cafeteira (f)	kaffekanna (en)	['kafəˌkana]
moedor (m) de café	kaffekvarn (en)	['kafəˌkva:ɳ]

chaleira (f)	tekittel (en)	['teˌçitəlʲ]
bule (m)	tekanna (en)	['teˌkana]
tampa (f)	lock (ett)	['lʲɔk]
coador (m) de chá	tesil (en)	['teˌsilʲ]

colher (f)	sked (en)	['ɧed]
colher (f) de chá	tesked (en)	['teˌɧed]
colher (f) de sopa	matsked (en)	['matˌɧed]
garfo (m)	gaffel (en)	['gafəlʲ]
faca (f)	kniv (en)	['kniv]

louça (f)	servis (en)	[sɛr'vis]
prato (m)	tallrik (en)	['talʲrik]
pires (m)	tefat (ett)	['teˌfat]

cálice (m)	shotglas (ett)	['ʃotˌglʲas]
copo (m)	glas (ett)	['glʲas]
xícara (f)	kopp (en)	['kop]

açucareiro (m)	sockerskål (en)	['sɔkə:ˌsko:lʲ]
saleiro (m)	saltskål (en)	['salʲtˌsko:lʲ]
pimenteiro (m)	pepparskål (en)	['pɛpaˌsko:lʲ]

manteigueira (f)	smörfat (en)	['smœrˌfat]
panela (f)	kastrull, gryta (en)	[ka'strulʲ], ['gryta]
frigideira (f)	stekpanna (en)	['stekˌpana]
concha (f)	slev (en)	['slʲev]
coador (m)	durkslag (ett)	['durkˌslʲag]
bandeja (f)	bricka (en)	['brika]
garrafa (f)	flaska (en)	['flʲaska]
pote (m) de vidro	glasburk (en)	['glʲasˌburk]
lata (~ de cerveja)	burk (en)	['burk]
abridor (m) de garrafa	flasköppnare (en)	['flʲaskˌøpnarə]
abridor (m) de latas	burköppnare (en)	['burkˌøpnarə]
saca-rolhas (m)	korkskruv (en)	['korkˌskrʉ:v]
filtro (m)	filter (ett)	['filʲtər]
filtrar (vt)	att filtrera	[at filʲ'trera]
lixo (m)	sopor, avfall (ett)	['sʊpʊr], ['avfalʲ]
lixeira (f)	sophink (en)	['sʊpˌhiŋk]

67. Casa de banho

banheiro (m)	badrum (ett)	['badˌru:m]
água (f)	vatten (ett)	['vatən]
torneira (f)	kran (en)	['kran]
água (f) quente	varmvatten (ett)	['varmˌvatən]
água (f) fria	kallvatten (ett)	['kalʲˌvatən]
pasta (f) de dente	tandkräm (en)	['tandˌkrɛm]
escovar os dentes	att borsta tänderna	[at 'bɔ:ʂta 'tɛndɛ:ɳa]
escova (f) de dente	tandborste (en)	['tandˌbɔ:ʂtə]
barbear-se (vr)	att raka sig	[at 'raka sɛj]
espuma (f) de barbear	raklödder (ett)	['rakˌlʲødər]
gilete (f)	hyvel (en)	['hyvəlʲ]
lavar (vt)	att tvätta	[at 'tvæta]
tomar banho	att tvätta sig	[at 'tvæta sɛj]
chuveiro (m), ducha (f)	dusch (en)	['duʃ]
tomar uma ducha	att duscha	[at 'duʃa]
banheira (f)	badkar (ett)	['badˌkar]
vaso (m) sanitário	toalettstol (en)	[tʊa'lʲetˌstʊlʲ]
pia (f)	handfat (ett)	['handˌfat]
sabonete (m)	tvål (en)	['tvo:lʲ]
saboneteira (f)	tvålskål (en)	['tvo:lʲˌsko:lʲ]
esponja (f)	svamp (en)	['svamp]
xampu (m)	schampo (ett)	['ɧamˌpʊ]
toalha (f)	handduk (en)	['handˌdʉ:k]
roupão (m) de banho	morgonrock (en)	['mɔrgɔnˌrɔk]
lavagem (f)	tvätt (en)	['tvæt]
lavadora (f) de roupas	tvättmaskin (en)	['tvætˌma'ɧi:n]

| lavar a roupa | att tvätta kläder | [at 'tvæta 'klʲɛ:dər] |
| detergente (m) | tvättmedel (ett) | ['tvætˌmedəlʲ] |

68. Eletrodomésticos

televisor (m)	teve (en)	['teve]
gravador (m)	bandspelare (en)	['bandˌspelʲarə]
videogravador (m)	video (en)	['videʊ]
rádio (m)	radio (en)	['radiʊ]
leitor (m)	spelare (en)	['spelʲarə]

projetor (m)	videoprojektor (en)	['videʊ prʊ'jɛktʊr]
cinema (m) em casa	hemmabio (en)	['hɛmaˌbi:ʊ]
DVD Player (m)	DVD spelare (en)	[deve'de: ˌspelʲarə]
amplificador (m)	förstärkare (en)	[fœ:'ʂtæ:karə]
console (f) de jogos	spelkonsol (en)	['spelʲ kɔn'sɔlʲ]

câmera (f) de vídeo	videokamera (en)	['videʊˌkamera]
máquina (f) fotográfica	kamera (en)	['kamera]
câmera (f) digital	digitalkamera (en)	[digi'talʲ ˌkamera]

aspirador (m)	dammsugare (en)	['damˌsɯgarə]
ferro (m) de passar	strykjärn (ett)	['strykˌjæ:ɳ]
tábua (f) de passar	strykbräda (en)	['strykˌbrɛ:da]

telefone (m)	telefon (en)	[telʲe'fɔn]
celular (m)	mobiltelefon (en)	[mɔ'bilʲ telʲe'fɔn]
máquina (f) de escrever	skrivmaskin (en)	['skrivˌma'ɧi:n]
máquina (f) de costura	symaskin (en)	['syˌma'ɧi:n]

microfone (m)	mikrofon (en)	[mikrʊ'fɔn]
fone (m) de ouvido	hörlurar (pl)	['hœ:ˌlʲɯ:rar]
controle remoto (m)	fjärrkontroll (en)	['fjæ:rˌkɔn'trolʲ]

CD (m)	cd-skiva (en)	['sede ˌɧiva]
fita (f) cassete	kassett (en)	[ka'sɛt]
disco (m) de vinil	skiva (en)	['ɧiva]

ATIVIDADES HUMANAS

Emprego. Negócios. Parte 1

69. Escritório. O trabalho no escritório

escritório (~ de advogados)	kontor (ett)	[kɔn'tʊr]
escritório (do diretor, etc.)	kontor (ett)	[kɔn'tʊr]
recepção (f)	reception (en)	[resɛp'fjʊn]
secretário (m)	sekreterare (en)	[sɛkrə'terarə]
secretária (f)	sekreterare (en)	[sɛkrə'terarə]
diretor (m)	direktör (en)	[dirɛk'tø:r]
gerente (m)	manager (en)	['me:nijər]
contador (m)	bokförare (en)	['bʊkˌfø:rarə]
empregado (m)	anställd (en)	['anstɛlʲd]
mobiliário (m)	möbel (en)	['mø:bəlʲ]
mesa (f)	bord (ett)	['bʊ:d]
cadeira (f)	arbetsstol (en)	['arbetsˌstʊlʲ]
gaveteiro (m)	kassette, skuffemodul (en)	[ka'sɛtə], ['skufəˌmɔdul]
cabideiro (m) de pé	klädhängare (en)	['klʲɛdˌhɛŋarə]
computador (m)	dator (en)	['datʊr]
impressora (f)	skrivare (en)	['skrivarə]
fax (m)	fax (en)	['faks]
fotocopiadora (f)	kopiator (en)	[kʊpi'atʊr]
papel (m)	papper (ett)	['papər]
artigos (m pl) de escritório	kontorsmaterial (ett)	[kɔn'tʊ:ʂ mate'rjalʲ]
tapete (m) para mouse	musmatta (en)	['mʊ:sˌmata]
folha (f)	ark (ett)	['ark]
pasta (f)	mapp (en)	['map]
catálogo (m)	katalog (en)	[kata'lʲɔg]
lista (f) telefônica	telefonkatalog (en)	[telʲe'fɔn kata'lʲɔg]
documentação (f)	dokumentation (en)	[dɔkumənta'fjʊn]
brochura (f)	broschyr (en)	[brɔ'fjyr]
panfleto (m)	reklamblad (ett)	[rɛ'klʲamˌblʲad]
amostra (f)	prov (ett)	['prʊv]
formação (f)	träning (en)	['trɛ:niŋ]
reunião (f)	möte (ett)	['mø:tə]
hora (f) de almoço	lunchrast (en)	['lʊnɕˌrast]
fazer uma cópia	att ta en kopia	[at ta en kʊ'pia]
tirar cópias	att kopiera	[at kɔ'pjera]
receber um fax	att ta emot fax	[at ta ɛmo:t 'faks]
enviar um fax	att skicka fax	[at 'fjika 'faks]

fazer uma chamada	att ringa	[at 'riŋa]
responder (vt)	att svara	[at 'svara]
passar (vt)	att koppla till ...	[at 'koplʲa tilʲ ...]

marcar (vt)	att arrangera	[at aran'ʃera]
demonstrar (vt)	att demonstrera	[at demɔn'strera]
estar ausente	att vara frånvarande	[at 'vara 'froːnˌvarandə]
ausência (f)	frånvaro (en)	['froːnˌvarʊ]

70. Processos negociais. Parte 1

negócio (m)	handel (en)	['handəlʲ]
ocupação (f)	yrke (ett)	['yrkə]
firma, empresa (f)	firma (en)	['firma]
companhia (f)	bolag, företag (ett)	['bʊlʲag], ['førəˌtag]
corporação (f)	korporation (en)	[kɔrpʊra'ɧʊn]
empresa (f)	företag (ett)	['førəˌtag]
agência (f)	agentur (en)	[agɛn'tʉːr]

acordo (documento)	avtal (ett)	['avtalʲ]
contrato (m)	kontrakt (ett)	[kɔn'trakt]
acordo (transação)	affär (en)	[a'fæːr]
pedido (m)	beställning (en)	[bɛ'stɛlʲniŋ]
termos (m pl)	villkor (ett)	['vilʲˌkor]

por atacado	en gros	[ɛn 'groː]
por atacado (adj)	grossist-, engros-	[grɔ'sist-], [ɛn'gro-]
venda (f) por atacado	grosshandel (en)	['grɔsˌhandəlʲ]
a varejo	detalj-	[de'talj-]
venda (f) a varejo	detaljhandel (en)	[de'taljˌhandəlʲ]

concorrente (m)	konkurrent (en)	[kɔŋku'rɛnt]
concorrência (f)	konkurrens (en)	[kɔŋku'rɛns]
competir (vi)	att konkurrera	[at kɔŋku'rera]

sócio (m)	partner (en)	['paːʈnər]
parceria (f)	partnerskap (ett)	['paːʈnɛˌşkap]

crise (f)	kris (en)	['kris]
falência (f)	konkurs (en)	[kɔn'kuːş]
entrar em falência	att göra konkurs	[at 'jøːra kɔŋ'kuːş]
dificuldade (f)	svårighet (en)	['svoːrigˌhet]
problema (m)	problem (ett)	[prɔ'blʲem]
catástrofe (f)	katastrof (en)	[kata'strɔf]

economia (f)	ekonomi (en)	[ɛkʊnɔ'miː]
econômico (adj)	ekonomisk	[ɛkʊ'nɔmisk]
recessão (f) econômica	ekonomisk nedgång (en)	[ɛkʊ'nɔmisk 'nedˌgɔŋ]

objetivo (m)	mål (ett)	['moːlʲ]
tarefa (f)	uppgift (en)	['upˌgift]

comerciar (vi, vt)	att handla	[at 'handlʲa]
rede (de distribuição)	nätverk (ett)	['nɛːtˌvɛrk]

| estoque (m) | lager (ett) | ['lʲagər] |
| sortimento (m) | sortiment (ett) | [sɔ:ʈi'mɛnt] |

líder (m)	ledare (en)	['lʲedarə]
grande (~ empresa)	stor	['stʊr]
monopólio (m)	monopol (en)	[mɔnɔ'polʲ]

teoria (f)	teori (en)	[teʊ'ri:]
prática (f)	praktik (en)	[prak'tik]
experiência (f)	erfarenhet (en)	['ɛrfarɛnhet]
tendência (f)	tendens (en)	[tɛn'dɛns]
desenvolvimento (m)	utveckling (en)	['ʉt͜vɛkliŋ]

71. Processos negociais. Parte 2

| rentabilidade (f) | utbyte (ett), fördel (en) | ['ʉt͜bytə], ['fø:͜del] |
| rentável (adj) | fördelaktig | [fø:dəlʲ'aktig] |

delegação (f)	delegation (en)	[delʲega'ɧʊn]
salário, ordenado (m)	lön (en)	['lʲø:n]
corrigir (~ um erro)	att rätta	[at 'ræta]
viagem (f) de negócios	affärsresa (en)	[a'fæ:ş͜resa]
comissão (f)	provision (en)	[prɔvi'ɧʊn]

controlar (vt)	att kontrollera	[at kɔntrɔ'lʲera]
conferência (f)	konferens (en)	[kɔnfə'ræns]
licença (f)	licens (en)	[li'sɛns]
confiável (adj)	pålitlig	['po͜litlig]

empreendimento (m)	initiativ (ett)	[initsja'tiv]
norma (f)	norm (en)	['nɔrm]
circunstância (f)	omständighet (en)	['ɔm͜stɛndighet]
dever (do empregado)	plikt (en)	['plikt]

empresa (f)	organisation (en)	[ɔrganisa'ɧʊn]
organização (f)	organisering (en)	[ɔrgani'seriŋ]
organizado (adj)	organiserad	[ɔrgani'serad]
anulação (f)	annullering (en)	[anʉ'lʲeriŋ]
anular, cancelar (vt)	att inställa, att annullera	[at in'stɛlʲa], [at anʉ'lʲera]
relatório (m)	rapport (en)	[ra'pɔ:ʈ]

patente (f)	patent (ett)	[pa'tɛnt]
patentear (vt)	att patentera	[at patɛn'tera]
planejar (vt)	att planera	[at plʲa'nera]

bônus (m)	bonus, premie (en)	['bʊnus], ['premiə]
profissional (adj)	professionell	[prɔfeɧʊ'nɛlʲ]
procedimento (m)	procedur (en)	[prʊse'dʉ:r]

examinar (~ a questão)	att undersöka	[at 'undə͜şø:ka]
cálculo (m)	beräkning (en)	[be'rɛkniŋ]
reputação (f)	rykte (ett)	['rʏktə]
risco (m)	risk (en)	['risk]
dirigir (~ uma empresa)	att styra, att leda	[at 'styra], [at 'lʲeda]

informação (f)	upplysningar (pl)	['up‚lysniŋar]
propriedade (f)	egendom (en)	['ɛgən‚dʊm]
união (f)	förbund (ett)	['før‚bund]

seguro (m) de vida	livförsäkring (en)	['liv‚fœ:'sɛkriŋ]
fazer um seguro	att försäkra	[at fœ:'sɛkra]
seguro (m)	försäkring (en)	[fœ:'sɛkriŋ]

leilão (m)	auktion (en)	[auk'ʃʊn]
notificar (vt)	att underrätta	[at 'undə‚ræta]
gestão (f)	ledning (en)	['lⁱedniŋ]
serviço (indústria de ~s)	tjänst (en)	['ɕɛnst]

fórum (m)	forum (ett)	['fʊrum]
funcionar (vi)	att fungera	[at fun'gera]
estágio (m)	etapp (en)	[ɛ'tap]
jurídico, legal (adj)	juridisk	[jʉ'ridisk]
advogado (m)	jurist (en)	[jʉ'rist]

72. Produção. Trabalhos

usina (f)	verk (ett)	['vɛrk]
fábrica (f)	fabrik (en)	[fab'rik]
oficina (f)	verkstad (en)	['vɛrk‚stad]
local (m) de produção	produktionsplats (en)	[prɔduk'ʃʊn‚plⁱats]

indústria (f)	industri (en)	[indu'stri:]
industrial (adj)	industriell	[industri'ɛlⁱ]
indústria (f) pesada	tung industri (en)	['tuŋ indu'stri:]
indústria (f) ligeira	lätt industri (en)	[lⁱæt indu'stri:]

produção (f)	produktion (en)	[prɔduk'ʃʊn]
produzir (vt)	att producera	[at prɔdʉ'sera]
matérias-primas (f pl)	råvaror (pl)	['ro:‚varʊr]

chefe (m) de obras	förman, bas (en)	['førman], ['bas]
equipe (f)	arbetslag (en)	['arbets‚lag]
operário (m)	arbetare (en)	['ar‚betarə]

dia (m) de trabalho	arbetsdag (en)	['arbets‚dag]
intervalo (m)	vilopaus (en)	['vilⁱo‚paʊs]
reunião (f)	möte (ett)	['mø:tə]
discutir (vt)	att dryfta, att diskutera	[at 'dryfta], [at diskʉ'tera]

plano (m)	plan (en)	['plⁱan]
cumprir o plano	att uppfylla planen	[at 'up‚fylⁱa 'planən]
taxa (f) de produção	produktionsmål (ett)	[prɔduk'ʃʊn‚mo:lⁱ]
qualidade (f)	kvalité (en)	[kvali'te:]
controle (m)	kontroll (en)	[kɔn'trolⁱ]
controle (m) da qualidade	kvalitetskontroll (en)	[kvali'tets kɔn'trolⁱ]

segurança (f) no trabalho	arbetarskydd (ett)	['arbeta:‚ʃyd]
disciplina (f)	disciplin (en)	[disip'lin]
infração (f)	brott (ett)	['brɔt]

violar (as regras)	att bryta	[at 'bryta]
greve (f)	strejk (en)	['strɛjk]
grevista (m)	strejkande (en)	['strɛjkandə]
estar em greve	att strejka	[at 'strɛjka]
sindicato (m)	fackförening (en)	['fakføˌreniŋ]
inventar (vt)	att uppfinna	[at 'upˌfina]
invenção (f)	uppfinning (en)	['upˌfiniŋ]
pesquisa (f)	forskning (en)	['fɔːʂkniŋ]
melhorar (vt)	att förbättra	[at før'bætra]
tecnologia (f)	teknologi (en)	[teknolˠoˈgiː]
desenho (m) técnico	teknisk ritning (en)	['tɛknisk 'ritniŋ]
carga (f)	last (en)	['lˠast]
carregador (m)	lastare (en)	['lˠastarə]
carregar (o caminhão, etc.)	att lasta	[at 'lˠasta]
carregamento (m)	lastning (en)	['lˠastniŋ]
descarregar (vt)	att lasta av	[at 'lˠasta av]
descarga (f)	avlastning (en)	['avˌlˠastniŋ]
transporte (m)	transport (en)	[trans'pɔːt]
companhia (f) de transporte	transportföretag (ett)	[trans'pɔːtˌførə'tag]
transportar (vt)	att transportera	[at transpɔ:'tera]
vagão (m) de carga	godsvagn (en)	['gʊdsˌvagn]
tanque (m)	tank (en)	['taŋk]
caminhão (m)	lastbil (en)	['lˠastˌbilˠ]
máquina (f) operatriz	verktygsmaskin (en)	['vɛrkˌtygs ma'ʃiːn]
mecanismo (m)	mekanism (en)	[meka'nism]
resíduos (m pl) industriais	industriellt avfall (ett)	[industri'ɛlˠt 'avfalˠ]
embalagem (f)	packning (en)	['pakniŋ]
embalar (vt)	att packa	[at 'paka]

73. Contrato. Acordo

contrato (m)	kontrakt (ett)	[kɔn'trakt]
acordo (m)	avtal (ett)	['avtalˠ]
adendo, anexo (m)	tillägg (ett), bilaga (en)	['tilˌlˠɛ:g], ['biˌlˠaga]
assinar o contrato	att ingå avtal	[at 'ingo: 'avtalˠ]
assinatura (f)	signatur, underskrift (en)	[signa'tʉ:r], ['undəˌʂkrift]
assinar (vt)	att underteckna	[at 'undəˌtɛkna]
carimbo (m)	stämpel (en)	['stɛmpəlˠ]
objeto (m) do contrato	kontraktets föremål (ett)	[kɔn'traktɛts 'førəˌmo:lˠ]
cláusula (f)	klausul (en)	[klau'sʉl]
partes (f pl)	parter (pl)	['pa:tər]
domicílio (m) legal	juridisk adress (en)	[jʉ'ridisk a'drɛs]
violar o contrato	att bryta kontraktet	[at 'bryta kɔn'traktet]
obrigação (f)	förpliktelse (en)	[før'pliktəlˠsə]
responsabilidade (f)	ansvar (ett)	['anˌsvar]

força (f) maior	**force majeure (en)**	[ˌfɔrs ma'ʒø:r]
litígio (m), disputa (f)	**tvist (en)**	['tvist]
multas (f pl)	**straffavgifter** (pl)	['strafˌav'jiftər]

74. Importação & Exportação

importação (f)	**import (en)**	[im'pɔ:ʈ]
importador (m)	**importör (en)**	[impɔ:'ʈø:r]
importar (vt)	**att importera**	[at impɔ:'ʈera]
de importação	**import-**	[im'pɔ:ʈ-]
exportação (f)	**export (en)**	['ɛkspɔ:ʈ]
exportador (m)	**exportör (en)**	[ɛkspɔ:'ʈø:r]
exportar (vt)	**att exportera**	[at ɛkspɔ:'ʈera]
de exportação	**export-**	['ɛkspɔ:ʈ-]
mercadoria (f)	**vara (en)**	['vara]
lote (de mercadorias)	**parti (ett)**	[pa:'ʈi:]
peso (m)	**vikt (en)**	['vikt]
volume (m)	**volym (en)**	[vɔ'lʲym]
metro (m) cúbico	**kubikmeter (en)**	[kʉ'bikˌmetər]
produtor (m)	**producent (en)**	[prɔdʉ'sɛnt]
companhia (f) de transporte	**transportföretag (ett)**	[trans'pɔ:ʈˌførə'tag]
contêiner (m)	**container (en)**	[kɔn'tɛjnər]
fronteira (f)	**gräns (en)**	['grɛns]
alfândega (f)	**tull (en)**	['tulʲ]
taxa (f) alfandegária	**tullavgift (en)**	['tulʲˌav'jift]
funcionário (m) da alfândega	**tulltjänsteman (en)**	['tulʲ 'ɕɛnstəˌman]
contrabando (atividade)	**smuggling (en)**	['smugliŋ]
contrabando (produtos)	**smuggelgods (ett)**	['smugəlʲˌgʊds]

75. Finanças

ação (f)	**aktie (en)**	['aktsiə]
obrigação (f)	**obligation (en)**	[ɔbliga'ɧʊn]
nota (f) promissória	**växel (en)**	['vɛksəlʲ]
bolsa (f) de valores	**börs (en)**	['bø:ʂ]
cotação (m) das ações	**aktiekurs (en)**	['aktsiəˌku:ʂ]
tornar-se mais barato	**att gå ner**	[at 'go: ˌner]
tornar-se mais caro	**att gå upp**	[at 'go: 'up]
parte (f)	**andel (en)**	['anˌdel]
participação (f) majoritária	**aktiemajoritet (en)**	['aktsiə majʊri'tet]
investimento (m)	**investering (en)**	[invə'steriŋ]
investir (vt)	**att investera**	[at invə'stera]
porcentagem (f)	**procent (en)**	[prʊ'sɛnt]
juros (m pl)	**ränta (en)**	['rɛnta]

lucro (m)	vinst, förtjänst (en)	['vinst], [fœ:'ɕɛ:nst]
lucrativo (adj)	fördelaktig	[fø:dəlʲ'aktig]
imposto (m)	skatt (en)	['skat]

divisa (f)	valuta (en)	[va'lʉ:ta]
nacional (adj)	nationell	[natɧʉ'nɛlʲ]
câmbio (m)	växling (en)	['vɛksliŋ]

| contador (m) | bokförare (en) | ['bʊk,fø:rarə] |
| contabilidade (f) | bokföring (en) | ['bʊk,fø:riŋ] |

falência (f)	konkurs (en)	[kɔŋ'ku:ʂ]
falência, quebra (f)	krasch (en)	['kraʃ]
ruína (f)	ruin (en)	[rʉ'in]
estar quebrado	att ruinera sig	[at rʉi'nera sɛj]
inflação (f)	inflation (en)	[inflʲa'ɧʊn]
desvalorização (f)	devalvering (en)	[devalʲ'veriŋ]

capital (m)	kapital (ett)	[kapi'talʲ]
rendimento (m)	inkomst (en)	['iŋ,kɔmst]
volume (m) de negócios	omsättning (en)	['ɔm,sætniŋ]
recursos (m pl)	resurser (pl)	[re'su:ʂər]
recursos (m pl) financeiros	penningmedel (pl)	['pɛniŋ,medəlʲ]
despesas (f pl) gerais	fasta utgifter (pl)	['fasta 'ʉt,jiftər]
reduzir (vt)	att reducera	[at redʉ'sera]

76. Marketing

marketing (m)	marknadsföring (en)	['marknads,fø:riŋ]
mercado (m)	marknad (en)	['marknad]
segmento (m) do mercado	marknadsegment (ett)	['marknad seg'mɛnt]
produto (m)	produkt (en)	[prɔ'dukt]
mercadoria (f)	vara (en)	['vara]

marca (f)	varumärke (ett)	['varʉ,mæ:rkə]
marca (f) registrada	varumärke (ett)	['varʉ,mæ:rkə]
logotipo (m)	firmamärke (ett)	['firma,mæ:rkə]
logo (m)	logotyp (en)	['lʲɔgotyp]

| demanda (f) | efterfrågan (en) | ['ɛftə,fro:gan] |
| oferta (f) | utbud (ett) | ['ʉt,bʉd] |

| necessidade (f) | behov (ett) | [be'hʊv] |
| consumidor (m) | konsument, förbrukare (en) | [kɔnsu'mɛnt], [før'brʉ:karə] |

| análise (f) | analys (en) | [ana'lʲys] |
| analisar (vt) | att analysera | [at analʲy'sera] |

| posicionamento (m) | positionering (en) | [pʊsiɧʊ'neriŋ] |
| posicionar (vt) | att positionera | [at pɔsiɧʊ'nera] |

preço (m)	pris (ett)	['pris]
política (f) de preços	prispolitik (en)	['pris pʊli'tik]
formação (f) de preços	prisbildning (en)	['pris,bilʲdniŋ]

77. Publicidade

publicidade (f)	reklam (en)	[rɛ'klʲam]
fazer publicidade	att reklamera	[at rɛklʲa'mera]
orçamento (m)	budget (en)	['budjet]
anúncio (m)	annons (en)	[a'nɔns]
publicidade (f) na TV	tv-reklam (ett)	['teve rɛ'klʲam]
publicidade (f) na rádio	radioreklam (en)	['radiʊ rɛ'klʲam]
publicidade (f) exterior	utomhusreklam (en)	['ʉtɔm,hʉs rɛ'klʲam]
comunicação (f) de massa	massmedier (pl)	['mas,mediər]
periódico (m)	tidskrift (en)	['tid,skrift]
imagem (f)	image (en)	['imidʒ]
slogan (m)	slogan (en)	['slʲogan]
mote (m), lema (f)	motto (ett)	['mɔtʊ]
campanha (f)	kampanj (en)	[kam'panʲ]
campanha (f) publicitária	reklamkampanj (en)	[rɛ'klʲam kam'panʲ]
grupo (m) alvo	målgrupp (en)	['mɔːlʲ,grup]
cartão (m) de visita	visitkort (ett)	[vi'sit,kɔːt]
panfleto (m)	reklamblad (ett)	[rɛ'klʲam,blʲad]
brochura (f)	broschyr (en)	[brɔ'ʃyr]
folheto (m)	folder (en)	['foldə]
boletim (~ informativo)	nyhetsbrev (ett)	['nyhets,brev]
letreiro (m)	skylt (en)	['ʃylʲt]
cartaz, pôster (m)	poster, löpsedel (en)	['pɔstər], ['løp,sedəlʲ]
painel (m) publicitário	reklamskylt (en)	[rɛ'klʲam,ʃylʲt]

78. Banca

banco (m)	bank (en)	['baŋk]
balcão (f)	avdelning (en)	[av'dɛlʲniŋ]
consultor (m) bancário	konsulent (en)	[kɔnsu'lʲɛnt]
gerente (m)	föreståndare (en)	[førə'stɔndarə]
conta (f)	bankkonto (ett)	['baŋk,kɔntʊ]
número (m) da conta	kontonummer (ett)	['kɔntʊ,numər]
conta (f) corrente	checkkonto (ett)	['ɕɛk,kɔntʊ]
conta (f) poupança	sparkonto (ett)	['spar,kɔntʊ]
abrir uma conta	att öppna ett konto	[at 'øpna ɛt 'kɔntʊ]
fechar uma conta	att avsluta kontot	[at 'av,slʉːta 'kɔntʊt]
depositar na conta	att sätta in på kontot	[at 'sæta in pɔ 'kɔntʊt]
sacar (vt)	att ta ut från kontot	[at ta ʉt frɔn 'kɔntʊt]
depósito (m)	insats (en)	['in,sats]
fazer um depósito	att sätta in	[at 'sæta in]
transferência (f) bancária	överföring (en)	['øːvə,føːriŋ]

transferir (vt)	att överföra	[at øːvəˌføra]
soma (f)	summa (en)	['suma]
Quanto?	Hur mycket?	[hʉr 'mʏkə]

| assinatura (f) | signatur, underskrift (en) | [signa'tʉːr], ['undəˌskrift] |
| assinar (vt) | att underteckna | [at 'undəˌtɛkna] |

cartão (m) de crédito	kreditkort (ett)	[kre'ditˌkɔːt]
senha (f)	kod (en)	['kɔd]
número (m) do cartão de crédito	kreditkortsnummer (ett)	[kre'ditˌkɔːts 'numər]

| caixa (m) eletrônico | bankomat (en) | [baŋkʉ'mat] |

cheque (m)	check (en)	['ɕɛk]
passar um cheque	att skriva en check	[at 'skriva en 'ɕɛk]
talão (m) de cheques	checkbok (en)	['ɕɛkˌbʉk]

empréstimo (m)	lån (ett)	['ⱡoːn]
pedir um empréstimo	att ansöka om lån	[at 'anˌsøːka ɔm 'ⱡoːn]
obter empréstimo	att få ett lån	[at foː et 'ⱡoːn]
dar um empréstimo	att ge ett lån	[at jeː et 'ⱡoːn]
garantia (f)	garanti (en)	[garan'tiː]

79. Telefone. Conversação telefônica

telefone (m)	telefon (en)	[telʲe'fon]
celular (m)	mobiltelefon (en)	[mɔ'bilʲ telʲe'fon]
secretária (f) eletrônica	telefonsvarare (en)	[telʲe'fonˌsvararə]

| fazer uma chamada | att ringa | [at 'riŋa] |
| chamada (f) | telefonsamtal (en) | [telʲe'fonˌsamtalʲ] |

discar um número	att slå nummer	[at 'sⱡoː 'numər]
Alô!	Hallå!	[ha'ⱡoː]
perguntar (vt)	att fråga	[at 'froːga]
responder (vt)	att svara	[at 'svara]

ouvir (vt)	att höra	[at 'høːra]
bem	gott, bra	['gɔt], ['bra]
mal	dåligt	['doːlit]
ruído (m)	bruser, störningar (pl)	['brʉːsər], ['støːŋiŋar]

fone (m)	telefonlur (en)	[telʲe'fonˌlʉːr]
pegar o telefone	att lyfta telefonluren	[at 'lʲyfta telʲe'fon 'lʉːrən]
desligar (vi)	att lägga på	[at 'lʲɛga pɔ]

ocupado (adj)	upptagen	['upˌtagən]
tocar (vi)	att ringa	[at 'riŋa]
lista (f) telefônica	telefonkatalog (en)	[telʲe'fon kata'ⱡɔg]
local (adj)	lokal-	[ⱡɔ'kalʲ-]
chamada (f) local	lokalsamtal (ett)	[ⱡɔ'kalʲˌsamtalʲ]
de longa distância	riks-	['riks-]
chamada (f) de longa distância	rikssamtal (ett)	['riksˌsamtalʲ]

| internacional (adj) | internationell | ['intɛ:ŋatɧʊ,nɛlʲ] |
| chamada (f) internacional | internationell samtal (ett) | ['intɛ:ŋatɧʊ,nɛlʲ 'samtalʲ] |

80. Telefone móvel

celular (m)	mobiltelefon (en)	[mɔ'bilʲ telʲe'fɔn]
tela (f)	skärm (en)	['ɧæ:rm]
botão (m)	knapp (en)	['knap]
cartão SIM (m)	SIM-kort (ett)	['sim,kɔ:t]

bateria (f)	batteri (ett)	[batɛ'ri:]
descarregar-se (vr)	att bli urladdad	[at bli 'ʉ:,lʲadad]
carregador (m)	laddare (en)	['lʲadarə]

| menu (m) | meny (en) | [me'ny] |
| configurações (f pl) | inställningar (pl) | ['in,stɛlʲniŋar] |

| melodia (f) | melodi (en) | [melʲɔ'di:] |
| escolher (vt) | att välja | [at 'vɛlja] |

calculadora (f)	kalkylator (en)	[kalʲky'lʲatʊr]
correio (m) de voz	telefonsvarare (en)	[telʲe'fɔn,svararə]
despertador (m)	väckarklocka, alarm (en)	['vɛkar,klʲɔka], [a'lʲarm]
contatos (m pl)	kontakter (pl)	[kɔn'taktər]

| mensagem (f) de texto | SMS meddelande (ett) | [ɛsɛ'mɛs me'delʲandə] |
| assinante (m) | abonnent (en) | [abɔ'nɛnt] |

81. Estacionário

| caneta (f) | kulspetspenna (en) | ['kʉlʲspets,pɛna] |
| caneta (f) tinteiro | reservoarpenna (en) | [resɛrvʊ'ar,pɛna] |

lápis (m)	blyertspenna (en)	['blʲyɛ:ʦ,pɛna]
marcador (m) de texto	märkpenna (en)	['mœrk,pɛna]
caneta (f) hidrográfica	tuschpenna (en)	['tu:ʃ,pɛna]

| bloco (m) de notas | block (ett) | ['blʲɔk] |
| agenda (f) | dagbok (en) | ['dag,bʊk] |

régua (f)	linjal (en)	[li'njalʲ]
calculadora (f)	kalkylator (en)	[kalʲky'lʲatʊr]
borracha (f)	suddgummi (ett)	['sud,gumi]

| alfinete (m) | häftstift (ett) | ['hɛft,stift] |
| clipe (m) | gem (ett) | ['gem] |

| cola (f) | lim (ett) | ['lim] |
| grampeador (m) | häftapparat (en) | ['hɛft apa,rat] |

| furador (m) de papel | hålslag (ett) | ['ho:lʲ,slʲag] |
| apontador (m) | pennvässare (en) | ['pɛn,vɛsarə] |

82. Tipos de negócios

serviços (m pl) de contabilidade	bokföringstjänster (en)	['bʊkˌføːriŋ 'ɕɛnstər]
publicidade (f)	reklam (en)	[rɛ'klʲam]
agência (f) de publicidade	reklambyrå (en)	[rɛ'klʲambyˌroː]
ar (m) condicionado	luftkonditionering (en)	['lʊftˌkɔndiɧʊ'neriŋ]
companhia (f) aérea	flygbolag (ett)	['flʲygˌbʊlʲag]

bebidas (f pl) alcoólicas	alkoholhaltiga drycker (pl)	[alʲkʊ'hɔlʲˌhalʲtiga 'drʏkər]
comércio (m) de antiguidades	antikviteter (pl)	[antikvi'tetər]
galeria (f) de arte	konstgalleri (ett)	['kɔnst galʲe'riː]
serviços (m pl) de auditoria	revisiontjänster (pl)	[revi'ɧʊnˌɕɛnstər]

negócios (m pl) bancários	bankaffärer (pl)	['baŋk a'fæːrər]
bar (m)	bar (en)	['bar]
salão (m) de beleza	skönhetssalong (en)	['ɧøːnhets sa'lʲɔŋ]
livraria (f)	bokhandel (en)	['bʊkˌhandəlʲ]
cervejaria (f)	bryggeri (ett)	[brʏge'riː]
centro (m) de escritórios	affärscentrum (ett)	[a'fæː ̩sˌsɛntrum]
escola (f) de negócios	affärsskola (en)	[a'fæː ̩sˌskʊlʲa]

cassino (m)	kasino (ett)	[ka'sinʊ]
construção (f)	byggbranch (en)	['bʏgbranɕ]
consultoria (f)	konsulttjänster (pl)	[kɔn'sulʲtˌɕɛnstər]

clínica (f) dentária	tandklinik (en)	['tand kli'nik]
design (m)	design (en)	[de'sajn]
drogaria (f)	apotek (ett)	[apʊ'tek]
lavanderia (f)	kemtvätt (en)	['ɕemtvæt]
agência (f) de emprego	arbetsförmedling (en)	['arbetsˌfør'medliŋ]

serviços (m pl) financeiros	finansiella tjänster (pl)	[finan'sjɛlʲa 'ɕɛnstər]
alimentos (m pl)	matvaror (pl)	['matˌvarʊr]
funerária (f)	begravningsbyrå (en)	[be'gravniŋsˌbyroː]
mobiliário (m)	möbel (en)	['møːbəlʲ]
roupa (f)	kläder (pl)	['klʲɛːdər]
hotel (m)	hotell (ett)	[hʊ'tɛlʲ]

sorvete (m)	glass (en)	['glʲas]
indústria (f)	industri (en)	[indu'striː]
seguro (~ de vida, etc.)	försäkring (en)	[fœː'sɛkriŋ]
internet (f)	Internet	['intɛːˌŋɛt]
investimento (m)	investering (en)	[invə'steriŋ]

joalheiro (m)	juvelerare (en)	[jʉvə'lʲeːrarə]
joias (f pl)	smycken (pl)	['smʏkən]
lavanderia (f)	tvätteri (ett)	[tvæte'riː]
assessorias (f pl) jurídicas	juridisk rådgivare (pl)	[jʉ'ridisk 'roːdjivarə]
indústria (f) ligeira	lätt industri (en)	[lʲæt indu'striː]

revista (f)	tidskrift (en)	['tidˌskrift]
vendas (f pl) por catálogo	postorderförsäljning (en)	['postˌɔːdər fœː'sɛljniŋ]
medicina (f)	medicin (en)	[medi'sin]
cinema (m)	biograf (en)	[biʊ'graf]

museu (m)	museum (ett)	[mʉ'seum]
agência (f) de notícias	nyhetsbyrå (en)	['nyhets by'roː]
jornal (m)	tidning (en)	['tidniŋ]
boate (casa noturna)	nattklubb (en)	['nat‚klʉb]

petróleo (m)	olja (en)	['ɔlja]
serviços (m pl) de remessa	budtjänst (en)	['bʉːt‚ɕɛnst]
indústria (f) farmacêutica	farmaci (en)	[farma'siː]
tipografia (f)	tryckeri (ett)	[trʏke'riː]
editora (f)	förlag (ett)	[fœː'l̩ag]

rádio (m)	radio (en)	['radiʉ]
imobiliário (m)	fastighet (en)	['fastig‚het]
restaurante (m)	restaurang (en)	[rɛstɔ'raŋ]

empresa (f) de segurança	säkerhetsbyrå (en)	['sɛːkərhets‚by'roː]
esporte (m)	sport (en)	['spɔːt]
bolsa (f) de valores	börs (en)	['bøːʂ]
loja (f)	affär, butik (en)	[a'fæːr], [bu'tik]
supermercado (m)	snabbköp (ett)	['snab‚ɕøːp]
piscina (f)	simbassäng (en)	['simba‚sɛŋ]

alfaiataria (f)	skrädderi (ett)	[skrɛde'riː]
televisão (f)	television (en)	[telʲevi'ɧʉn]
teatro (m)	teater (en)	[te'atər]
comércio (m)	handel (en)	['handəlʲ]
serviços (m pl) de transporte	transport (en)	[trans'pɔːt]
viagens (f pl)	turism (en)	[tu'rism]

veterinário (m)	veterinär (en)	[vetəri'næːr]
armazém (m)	lager (en)	['lʲagər]
recolha (f) do lixo	avfallshantering (en)	['avfalʲs‚hanteriŋ]

Emprego. Negócios. Parte 2

83. Espetáculo. Feira

feira, exposição (f)	mässa (en)	['mɛsa]
feira (f) comercial	handelsmässa (en)	['handəlʲsˌmɛsa]
participação (f)	deltagande (ett)	['delʲˌtagandə]
participar (vi)	att delta	[at 'dɛlʲta]
participante (m)	deltagare (en)	['delʲˌtagarə]
diretor (m)	direktör (en)	[dirɛk'tø:r]
direção (f)	arrangörskontor (ett)	[aran'ŋ̊ør kɔn'tʊr]
organizador (m)	arrangör (en)	[aran'jø:r]
organizar (vt)	att organisera	[at ɔrgani'sera]
ficha (f) de inscrição	deltagarformulär (ett)	['delʲtagarˌformu'lʲæ:r]
preencher (vt)	att fylla i	[at 'fylʲa 'i]
detalhes (m pl)	detaljer (pl)	[de'taljər]
informação (f)	information (en)	[infɔrma'ʄʊn]
preço (m)	pris (ett)	['pris]
incluindo	inklusive	['iŋklʉˌsivə]
incluir (vt)	att inkludera	[at iŋklʉ'dera]
pagar (vt)	att betala	[at be'talʲa]
taxa (f) de inscrição	registreringsavgift (en)	[reji'streriŋs 'avˌjift]
entrada (f)	ingång (en)	['inˌgɔŋ]
pavilhão (m), salão (f)	paviljong (en)	[pavi'ljɔŋ]
inscrever (vt)	att registrera	[at regi'strera]
crachá (m)	bricka (en)	['brika]
stand (m)	monter (en)	['mɔntər]
reservar (vt)	att reservera	[at resɛr'vera]
vitrine (f)	glasmonter (en)	['glʲasˌmɔntər]
lâmpada (f)	spotlight (en)	['spotˌlajt]
design (m)	design (en)	[de'sajn]
pôr (posicionar)	att placera	[at plʲa'sera]
ser colocado, -a	att bli placerat	[at bli plʲa'serat]
distribuidor (m)	distributör (en)	[distribʉ'tø:r]
fornecedor (m)	leverantör (en)	[lʲevəran'tø:r]
fornecer (vt)	att förse, att leverera	[at fœ:'ʂə], [at lʲeve'rera]
país (m)	land (ett)	['lʲand]
estrangeiro (adj)	utländsk	['ʉtˌlʲɛŋsk]
produto (m)	produkt (en)	[prɔ'dukt]
associação (f)	förening (en)	[fø're̊nin]
sala (f) de conferência	konferenssal (en)	[kɔnfe'rænsˌsalʲ]

| congresso (m) | kongress (en) | [kɔŋ'grɛs] |
| concurso (m) | tävling (en) | ['tɛvlʲiŋ] |

visitante (m)	besökare (en)	[be'søːkarə]
visitar (vt)	att besöka	[at be'søːka]
cliente (m)	kund, beställare (en)	['kund], [be'stɛlʲarə]

84. Ciência. Investigação. Cientistas

ciência (f)	vetenskap (en)	['vetən͵skap]
científico (adj)	vetenskaplig	['vetən͵skaplig]
cientista (m)	vetenskapsman (en)	['vetənskaps͵man]
teoria (f)	teori (en)	[teʊ'riː]

axioma (m)	axiom (ett)	[aksi'ɔm]
análise (f)	analys (en)	[ana'lʲys]
analisar (vt)	att analysera	[at analʲy'sera]
argumento (m)	argument (ett)	[argɵ'mɛnt]
substância (f)	stoff (ett), substans (en)	['stof], ['sɵbstans]

hipótese (f)	hypotes (en)	[hypɔ'tɛs]
dilema (m)	dilemma (ett)	['dilʲema]
tese (f)	avhandling (en)	['av͵handliŋ]
dogma (m)	dogm (en)	['dɔgm]

doutrina (f)	doktrin (en)	[dɔk'trin]
pesquisa (f)	forskning (en)	['fɔːʂkniŋ]
pesquisar (vt)	att forska	[at 'fɔːʂka]
testes (m pl)	test (ett)	['tɛst]
laboratório (m)	laboratorium (ett)	[lʲabɔra'tɔrium]

método (m)	metod (en)	[me'tɔd]
molécula (f)	molekyl (en)	[mɔlʲe'kylʲ]
monitoramento (m)	övervakning (en)	['øːvə͵vakniŋ]
descoberta (f)	upptäckt (en)	['up͵tɛkt]

postulado (m)	postulat (ett)	[pɔstɵ'lʲat]
princípio (m)	princip (en)	[prin'sip]
prognóstico (previsão)	prognos (en)	[prɔ'gnɔs]
prognosticar (vt)	att prognostisera	[at prɔŋɔsti'sera]

síntese (f)	syntes (en)	[sʏn'tes]
tendência (f)	tendens (en)	[tɛn'dɛns]
teorema (m)	teorém (ett)	[teʊ'reːm]

ensinamentos (m pl)	läran (pl)	['lʲæːran]
fato (m)	faktum (ett)	['faktum]
expedição (f)	expedition (en)	[ɛkspedi'ʃʊn]
experiência (f)	experiment (ett)	[ɛksperi'mɛnt]

acadêmico (m)	akademiker (en)	[aka'demikər]
bacharel (m)	bachelor (en)	[baɕelor]
doutor (m)	doktor (en)	['dɔktʊr]
professor (m) associado	docent (en)	[dɔ'sɛnt]

mestrado (m)	**magister (en)**	[ma'jistər]
professor (m)	**professor (en)**	[prɔ'fɛsʊr]

Profissões e ocupações

85. Procura de emprego. Demissão

trabalho (m)	arbete, jobb (ett)	['arbetə], ['jɔb]
equipe (f)	personal, stab (en)	[pɛşʊ'nalʲ], ['stab]
pessoal (m)	personal (en)	[pɛşʊ'nalʲ]

carreira (f)	karriär (en)	[kari'æ:r]
perspectivas (f pl)	utsikter (pl)	['ʉt‚siktər]
habilidades (f pl)	mästerskap (ett)	['mɛstə‚şkap]

seleção (f)	urval (ett)	['ʉ:r‚valʲ]
agência (f) de emprego	arbetsförmedling (en)	['arbets‚før'medliŋ]
currículo (m)	meritförteckning (en)	[me'rit‚fœ:'tɛkniŋ]
entrevista (f) de emprego	jobbsamtal (ett)	['jɔb‚samtalʲ]
vaga (f)	vakans (en)	['vakans]

salário (m)	lön (en)	['lʲø:n]
salário (m) fixo	fast lön (en)	['fast ‚lʲø:n]
pagamento (m)	betalning (en)	[be'talʲniŋ]

cargo (m)	ställning (en)	['stɛlʲniŋ]
dever (do empregado)	plikt (en)	['plikt]
gama (f) de deveres	arbetsplikter (pl)	['arbets‚pliktər]
ocupado (adj)	upptagen	['up‚tagən]

| despedir, demitir (vt) | att avskeda | [at 'av‚ɧeda] |
| demissão (f) | avsked (ett) | ['avɧed] |

desemprego (m)	arbetslöshet (en)	['arbets‚lʲø:shet]
desempregado (m)	arbetslös (en)	['arbets‚lʲø:s]
aposentadoria (f)	pension (en)	[pan'ɧʊn]
aposentar-se (vr)	att gå i pension	[at 'go: i pan'ɧʊn]

86. Gente de negócios

diretor (m)	direktör (en)	[dirɛk'tø:r]
gerente (m)	föreståndare (en)	[førə'stɔndarə]
patrão, chefe (m)	boss (en)	['bɔs]

superior (m)	överordnad (en)	['ø:vər‚ɔ:dɳat]
superiores (m pl)	överordnade (pl)	['ø:vər‚ɔ:dɳadə]
presidente (m)	president (en)	[prɛsi'dɛnt]
chairman (m)	ordförande (en)	['ʊ:d‚førandə]

| substituto (m) | ställföreträdare (en) | ['stɛlʲ‚fœre'trɛ:darə] |
| assistente (m) | assistent (en) | [asi'stɛnt] |

secretário (m)	sekreterare (en)	[sɛkrə'terarə]
secretário (m) pessoal	privatsekreterare (en)	[pri'vat sɛkrə'terarə]

homem (m) de negócios	affärsman (en)	[a'fæ:ṣˌman]
empreendedor (m)	entreprenör (en)	[æntepre'nø:r]
fundador (m)	grundläggare (en)	['grʉndˌlʲɛgarə]
fundar (vt)	att grunda	[at 'grʉnda]

principiador (m)	stiftare (en)	['stiftarə]
parceiro, sócio (m)	partner (en)	['pa:ṭnər]
acionista (m)	aktieägare (en)	['aktsiəˌɛ:garə]

milionário (m)	miljonär (en)	[miljʉ'næ:r]
bilionário (m)	miljardär (en)	[milja:'ɖæ:r]
proprietário (m)	ägare (en)	['ɛ:garə]
proprietário (m) de terras	jordägare (en)	['jʉ:ɖˌɛ:garə]

cliente (m)	kund (en)	['kund]
cliente (m) habitual	stamkund (en)	['stamˌkund]
comprador (m)	köpare (en)	['ɕø:parə]
visitante (m)	besökare (en)	[be'sø:karə]

profissional (m)	yrkesman (en)	['yrkəsˌman]
perito (m)	expert (en)	[ɛks'pɛ:t]
especialista (m)	specialist (en)	[spesia'list]

banqueiro (m)	bankir (en)	[baŋ'kir]
corretor (m)	mäklare (en)	['mɛklʲarə]

caixa (m, f)	kassör (en)	[ka'sø:r]
contador (m)	bokförare (en)	['bʊkˌfø:rarə]
guarda (m)	säkerhetsvakt (en)	['sɛ:kərhetsˌvakt]

investidor (m)	investerare (en)	[invɛ'sterarə]
devedor (m)	gäldenär (en)	[jɛlʲdɛ'næ:r]
credor (m)	kreditor (en)	[kre'ditʊr]
mutuário (m)	låntagare (en)	['lʲo:nˌtagarə]

importador (m)	importör (en)	[impɔ:'ʈø:r]
exportador (m)	exportör (en)	[ɛkspɔ:'ʈø:r]

produtor (m)	producent (en)	[prɔdʉ'sɛnt]
distribuidor (m)	distributör (en)	[distribʉ'tø:r]
intermediário (m)	mellanhand (en)	['mɛlʲanˌhand]

consultor (m)	konsulent (en)	[kɔnsu'lʲɛnt]
representante comercial	representant (en)	[represən'tant]
agente (m)	agent (en)	[a'gɛnt]
agente (m) de seguros	försäkringsagent (en)	[fœ:'ṣɛkriŋs a'gɛnt]

87. Profissões de serviços

cozinheiro (m)	kock (en)	['kɔk]
chefe (m) de cozinha	kökschef (en)	['ɕœksˌʃef]

padeiro (m)	bagare (en)	['bagarə]
barman (m)	bartender (en)	['ba:ˌtɛndər]
garçom (m)	servitör (en)	[sɛrvi'tø:r]
garçonete (f)	servitris (en)	[sɛrvi'tris]

advogado (m)	advokat (en)	[advʊ'kat]
jurista (m)	jurist (en)	[jʉ'rist]
notário (m)	notarius publicus (en)	[nʊ'tariʊs 'publikʉs]

eletricista (m)	elektriker (en)	[ɛ'lʲektrikər]
encanador (m)	rörmokare (en)	['rø:rˌmɔkarə]
carpinteiro (m)	timmerman (en)	['timərˌman]

massagista (m)	massör (en)	[ma'sø:r]
massagista (f)	massös (en)	[ma'sø:s]
médico (m)	läkare (en)	['lʲɛ:karə]

taxista (m)	taxichaufför (en)	['taksi ʂɔ'fø:r]
condutor (automobilista)	chaufför (en)	[ʂɔ'fø:r]
entregador (m)	bud (en)	['bʉ:d]

camareira (f)	städerska (en)	['stɛ:dɛʂka]
guarda (m)	säkerhetsvakt (en)	['sɛ:kərhetsˌvakt]
aeromoça (f)	flygvärdinna (en)	['flʲygˌvæ:dina]

professor (m)	lärare (en)	['lʲæ:rarə]
bibliotecário (m)	bibliotekarie (en)	[bibliʉte'kariə]
tradutor (m)	översättare (en)	['ø:vəˌs̢ætarə]
intérprete (m)	tolk (en)	['tɔlʲk]
guia (m)	guide (en)	['gajd]

cabeleireiro (m)	frisör (en)	[fri'sø:r]
carteiro (m)	brevbärare (en)	['brevˌbæ:rarə]
vendedor (m)	försäljare (en)	[fœ:'sɛljarə]

jardineiro (m)	trädgårdsmästare (en)	['trɛ:go:ɖs 'mɛstarə]
criado (m)	tjänare (en)	['ɕɛ:narə]
criada (f)	tjänarinna (en)	[ɕɛ:na'rina]
empregada (f) de limpeza	städerska (en)	['stɛ:dɛʂka]

88. Profissões militares e postos

soldado (m) raso	menig (en)	['menig]
sargento (m)	sergeant (en)	[sɛr'ɧant]
tenente (m)	löjtnant (en)	['lʲœjtˌnant]
capitão (m)	kapten (en)	[kap'ten]

major (m)	major (en)	[ma'jʉ:r]
coronel (m)	överste (en)	['ø:vəʂtə]
general (m)	general (en)	[jene'ralʲ]
marechal (m)	marskalk (en)	[ma:'ʂalʲk]
almirante (m)	amiral (en)	[ami'ralʲ]
militar (m)	militär (en)	[mili'tæ:r]
soldado (m)	soldat (en)	[sʊlʲ'dat]

oficial (m)	officer (en)	[ɔfi'se:r]
comandante (m)	befälhavare (en)	[be'fɛl ˌhavarə]

guarda (m) de fronteira	gränsvakt (en)	['grɛnsˌvakt]
operador (m) de rádio	radiooperatör (en)	['radiʊ ɔpera'tør]
explorador (m)	spaningssoldat (en)	['spaniŋs sʊlⁱ'dat]
sapador-mineiro (m)	pionjär (en)	[piʊ'njæ:r]
atirador (m)	skytt (en)	['ɧʏt]
navegador (m)	styrman (en)	['styrˌman]

89. Oficiais. Padres

rei (m)	kung (en)	['kuŋ]
rainha (f)	drottning (en)	['drɔtniŋ]

príncipe (m)	prins (en)	['prins]
princesa (f)	prinsessa (en)	[prin'sɛsa]

czar (m)	tsar (en)	['tsar]
czarina (f)	tsarinna (en)	[tsa'rina]

presidente (m)	president (en)	[prɛsi'dɛnt]
ministro (m)	minister (en)	[mi'nistər]
primeiro-ministro (m)	statsminister (en)	['stats mi'nistər]
senador (m)	senator (en)	[se'natʊr]

diplomata (m)	diplomat (en)	[diplⁱɔ'mat]
cônsul (m)	konsul (en)	['kɔnsulⁱ]
embaixador (m)	ambassadör (en)	[ambasa'dø:r]
conselheiro (m)	rådgivare (en)	['ro:djivarə]

funcionário (m)	tjänsteman (en)	['ɕɛnstəˌman]
prefeito (m)	prefekt (en)	[pre'fɛkt]
Presidente (m) da Câmara	borgmästare (en)	['bɔrjˌmɛstarə]

juiz (m)	domare (en)	['dʊmarə]
procurador (m)	åklagare (en)	[ɔ:'klⁱagarə]

missionário (m)	missionär (en)	[miɧʊ'næ:r]
monge (m)	munk (en)	['muŋk]
abade (m)	abbé (en)	[a'be:]
rabino (m)	rabbin (en)	[ra'bin]

vizir (m)	vesir (en)	[ve'syr]
xá (m)	schah (en)	['ʃa:]
xeique (m)	schejk (en)	['ʃɛjk]

90. Profissões agrícolas

abelheiro (m)	biodlare (en)	['biˌʊdlⁱarə]
pastor (m)	herde (en)	['hɛ:ɖə]
agrônomo (m)	agronom (en)	[agrʊ'nɔm]

criador (m) de gado	boskapsskötare (en)	['buskaps‚ɦøːtarə]
veterinário (m)	veterinär (en)	[vetəri'næːr]

agricultor, fazendeiro (m)	lantbrukare, bonde (en)	['lʲantˌbrʉːkarə], ['bʉndə]
vinicultor (m)	vinodlare (en)	['vinˌʉdlʲarə]
zoólogo (m)	zoolog (en)	[sʊɔ'lʲɔg]
vaqueiro (m)	cowboy (en)	['kaʊˌbɔj]

91. Profissões artísticas

ator (m)	skådespelare (en)	['skoːdəˌspelʲarə]
atriz (f)	skådespelerska (en)	['skoːdəˌspelʲeʂka]

cantor (m)	sångare (en)	['sɔŋarə]
cantora (f)	sångerska (en)	['sɔŋɛʂka]

bailarino (m)	dansör (en)	[dan'søːr]
bailarina (f)	dansös (en)	[dan'søːs]

artista (m)	skådespelare (en)	['skoːdəˌspelʲarə]
artista (f)	skådespelerska (en)	['skoːdəˌspelʲeʂka]

músico (m)	musiker (en)	['mʉsikər]
pianista (m)	pianist (en)	[pia'nist]
guitarrista (m)	gitarrspelare (en)	[ji'tarˌspelʲarə]

maestro (m)	dirigent (en)	[diri'ɦɛnt]
compositor (m)	komponist (en)	[kɔmpo'nist]
empresário (m)	impressario (en)	[imprɛ'sariʉ]

diretor (m) de cinema	regissör (en)	[reɦi'søːr]
produtor (m)	producent (en)	[prɔdʉ'sɛnt]
roteirista (m)	manusförfattare (en)	['manusˌfør'fatarə]
crítico (m)	kritiker (en)	['kritikər]

escritor (m)	författare (en)	[før'fatarə]
poeta (m)	poet (en)	[pʉ'et]
escultor (m)	skulptör (en)	[skʉlʲp'tøːr]
pintor (m)	konstnär (en)	['kɔnstnæːr]

malabarista (m)	jonglör (en)	[jɔng'lʲøːr]
palhaço (m)	clown (en)	['klʲawn]
acrobata (m)	akrobat (en)	[akrʊ'bat]
ilusionista (m)	trollkonstnär (en)	['trɔlʲˌkɔnstnæːr]

92. Várias profissões

médico (m)	läkare (en)	['lʲɛːkarə]
enfermeira (f)	sjuksköterska (en)	['ɦʉːkˌɦøːtɛʂka]
psiquiatra (m)	psykiater (en)	[syki'atər]
dentista (m)	tandläkare (en)	['tandˌlʲɛːkarə]
cirurgião (m)	kirurg (en)	[ɕi'rʉrg]

| astronauta (m) | astronaut (en) | [astrʊ'naʊt] |
| astrônomo (m) | astronom (en) | [astrʊ'nɔm] |

motorista (m)	förare (en)	['fø:rarə]
maquinista (m)	lokförare (en)	['lʊkˌfø:rarə]
mecânico (m)	mekaniker (en)	[me'kanikər]

mineiro (m)	gruvarbetare (en)	['grʉ:vˌar'betarə]
operário (m)	arbetare (en)	['arˌbetarə]
serralheiro (m)	låssmed (en)	['lʲɔsˌsmed]
marceneiro (m)	snickare (en)	['snikarə]
torneiro (m)	svarvare (en)	['svarvarə]
construtor (m)	byggarbetare (en)	['bʏgˌar'betarə]
soldador (m)	svetsare (en)	['svɛtsarə]

professor (m)	professor (en)	[prɔ'fɛsʊr]
arquiteto (m)	arkitekt (en)	[arki'tɛkt]
historiador (m)	historiker (en)	[hi'stʊrikər]
cientista (m)	vetenskapsman (en)	['vetənskapsˌman]
físico (m)	fysiker (en)	['fysikər]
químico (m)	kemist (en)	[ɕe'mist]

arqueólogo (m)	arkeolog (en)	[ˌarkeʊ'lʲɔg]
geólogo (m)	geolog (en)	[jeʊ'lʲɔg]
pesquisador (cientista)	forskare (en)	['fɔːʂkarə]

| babysitter, babá (f) | barnflicka (en) | ['ba:ɳˌflika] |
| professor (m) | pedagog (en) | [peda'gɔg] |

redator (m)	redaktör (en)	[redak'tø:r]
redator-chefe (m)	chefredaktör (en)	['ɧefˌredak'tø:r]
correspondente (m)	korrespondent (en)	[kɔrɛspɔn'dɛnt]
datilógrafa (f)	maskinskriverska (en)	[ma'ɧi:n 'skrivɛʂka]

| designer (m) | designer (en) | [de'sajnər] |
| especialista (m) em informática | dataexpert (en) | ['data ɛks'pɛ:t] |

| programador (m) | programmerare (en) | [prɔgra'merarə] |
| engenheiro (m) | ingenjör (en) | [inɧə'njø:r] |

marujo (m)	sjöman (en)	['ɧø:ˌman]
marinheiro (m)	matros (en)	[ma'trʊs]
socorrista (m)	räddare (en)	['rɛdarə]

bombeiro (m)	brandman (en)	['brandˌman]
polícia (m)	polis (en)	[pʊ'lis]
guarda-noturno (m)	nattvakt, väktare (en)	['natˌvakt], ['vɛktarə]
detetive (m)	detektiv (en)	[detɛk'tiv]

funcionário (m) da alfândega	tulltjänsteman (en)	['tulʲ 'ɕɛnstəˌman]
guarda-costas (m)	livvakt (en)	['li:vˌvakt]
guarda (m) prisional	fångvaktare (en)	['fɔŋˌvaktarə]
inspetor (m)	inspektör (en)	[inspɛk'tø:r]

| esportista (m) | idrottsman (en) | ['idrɔtsˌman] |
| treinador (m) | tränare (en) | ['trɛ:narə] |

açougueiro (m)	slaktare (en)	['slʲaktarə]
sapateiro (m)	skomakare (en)	['skʊˌmakarə]
comerciante (m)	handelsman (en)	['handəlʲsˌman]
carregador (m)	lastare (en)	['lʲastarə]
estilista (m)	modedesigner (en)	['mʊdə de'sajnər]
modelo (f)	modell, mannekäng (en)	[mʊ'dɛlʲ], ['manekɛŋ]

93. Ocupações. Estatuto social

estudante (~ de escola)	skolbarn (ett)	['skʊlʲˌbaːŋ]
estudante (~ universitária)	student (en)	[stu'dɛnt]
filósofo (m)	filosof (en)	[filʲɔ'sɔf]
economista (m)	ekonom (en)	[ɛkʊ'nɔm]
inventor (m)	uppfinnare (en)	['upˌfinarə]
desempregado (m)	arbetslös (en)	['arbetsˌlʲøːs]
aposentado (m)	pensionär (en)	[panɧʊ'næːr]
espião (m)	spion (en)	[spi'ʊn]
preso, prisioneiro (m)	fånge (en)	['fɔŋə]
grevista (m)	strejkande (en)	['strɛjkandə]
burocrata (m)	byråkrat (en)	['byrɔˌkrat]
viajante (m)	resenär (en)	[rese'næːr]
homossexual (m)	homosexuell (en)	['hɔmɔsɛksuˌɛlʲ]
hacker (m)	hackare (en)	['hakarə]
hippie (m, f)	hippie (en)	['hipi]
bandido (m)	bandit (en)	[ban'dit]
assassino (m)	legomördare (en)	['lʲegʊˌmøːdarə]
drogado (m)	narkoman (en)	[narkʊ'man]
traficante (m)	droglangare (en)	['drʊgˌlʲaŋarə]
prostituta (f)	prostituerad (en)	[prɔstitʊ'ɛrad]
cafetão (m)	hallik (en)	['halik]
bruxo (m)	trollkarl (en)	['trɔlʲˌkar]
bruxa (f)	trollkvinna (en)	['trɔlʲˌkvina]
pirata (m)	pirat, sjörövare (en)	[pi'rat], ['ɧøːˌrøːvarə]
escravo (m)	slav (en)	['slʲav]
samurai (m)	samuraj (en)	[samu'raj]
selvagem (m)	vilde (en)	['vilʲdə]

Educação

94. Escola

| escola (f) | skola (en) | ['skʊlʲa] |
| diretor (m) de escola | rektor (en) | ['rɛktʊr] |

aluno (m)	elev (en)	[ɛ'lʲev]
aluna (f)	elev (en)	[ɛ'lʲev]
estudante (m)	skolbarn (ett)	['skʊlʲˌbaːn]
estudante (f)	skolflicka (en)	['skʊlʲˌflika]

ensinar (vt)	att undervisa	[at 'undəˌvisa]
aprender (vt)	att lära sig	[at 'lʲæːra sɛj]
decorar (vt)	att lära sig utantill	[at 'lʲæːra sɛj 'ʉːtanˌtilʲ]

estudar (vi)	att lära sig	[at 'lʲæːra sɛj]
estar na escola	att gå i skolan	[at 'goː i 'skʊlʲan]
ir à escola	att gå till skolan	[at 'goː tilʲ 'skʊlʲan]

| alfabeto (m) | alfabet (ett) | ['alʲfabet] |
| disciplina (f) | ämne (ett) | ['ɛmnə] |

sala (f) de aula	klassrum (ett)	['klʲasˌruːm]
lição, aula (f)	timme (en)	['timə]
recreio (m)	rast (en)	['rast]
toque (m)	skolklocka (en)	['skʊlʲˌklʲɔka]
classe (f)	skolbänk (en)	['skʊlʲˌbɛŋk]
quadro (m) negro	tavla (en)	['tavlʲa]

nota (f)	betyg (ett)	[be'tyg]
boa nota (f)	bra betyg (ett)	[bra be'tyg]
nota (f) baixa	dåligt betyg (ett)	['doːlit be'tyg]
dar uma nota	att betygsätta	[at be'tygsæta]

erro (m)	fel (ett)	['felʲ]
errar (vi)	att göra misstag	[at 'jøːra 'mistag]
corrigir (~ um erro)	att rätta	[at 'ræta]
cola (f)	fusklapp (en)	['fuskˌlʲap]

| dever (m) de casa | läxor (pl) | ['lʲɛːksʊr] |
| exercício (m) | övning (en) | ['øvniŋ] |

estar presente	att vara närvarande	[at 'vara 'næːrˌvarandə]
estar ausente	att vara frånvarande	[at 'vara 'froːnˌvarandə]
faltar às aulas	att missa skolan	[at 'misa 'skʊlʲan]

punir (vt)	att straffa	[at 'strafa]
punição (f)	straff (ett)	['straf]
comportamento (m)	uppförande (ett)	['upˌførandə]

boletim (m) escolar	betyg, omdöme (ett)	[be'tyg], ['ɔm,døːmə]
lápis (m)	blyertspenna (en)	['blʲyɛːʦˌpɛna]
borracha (f)	suddgummi (ett)	['sʊdˌgumi]
giz (m)	krita (en)	['krita]
porta-lápis (m)	pennfodral (ett)	['pɛnfʊdˌralʲ]
mala, pasta, mochila (f)	skolväska (en)	['skʊlʲˌvɛska]
caneta (f)	penna (en)	['pɛna]
caderno (m)	övningsbok (en)	['øvnɪŋsˌbʊk]
livro (m) didático	lärobok (en)	['lʲæːrʊˌbʊk]
compasso (m)	passare (en)	['pasarə]
traçar (vt)	att rita	[at 'rita]
desenho (m) técnico	teknisk ritning (en)	['tɛknisk 'ritnɪŋ]
poesia (f)	dikt (en)	['dikt]
de cor	utantill	['uːtanˌtilʲ]
decorar (vt)	att lära sig utantill	[at 'lʲæːra sɛj 'ʉːtanˌtilʲ]
férias (f pl)	skollov (ett)	['skʊlˌlʲɔv]
estar de férias	att ha lov	[at ha 'lʲɔv]
passar as férias	att tillbringa skollovet	[at 'tilʲˌbriŋa 'skʊˌlʲɔvet]
teste (m), prova (f)	prov (ett)	['prʊv]
redação (f)	uppsats (en)	['upsats]
ditado (m)	diktamen (en)	[dik'tamən]
exame (m), prova (f)	examen (en)	[ɛk'samən]
fazer prova	att ta en examen	[at ta en ɛk'samən]
experiência (~ química)	försök (ett)	['fœːˌʂøːk]

95. Colégio. Universidade

academia (f)	akademi (en)	[akade'miː]
universidade (f)	universitet (ett)	[univɛʂi'tet]
faculdade (f)	fakultet (en)	[fakulʲ'tet]
estudante (m)	student (en)	[stu'dɛnt]
estudante (f)	kvinnlig student (en)	['kvinlig stu'dɛnt]
professor (m)	lärare, föreläsare (en)	['lʲæːrarə], ['førəˌlʲɛːsarə]
auditório (m)	föreläsningssal (en)	[føre'lʲɛsnɪŋˌsalʲ]
graduado (m)	alumn (en)	[a'lʉmn]
diploma (m)	diplom (ett)	[dip'lʲɔm]
tese (f)	avhandling (en)	['avˌhandlɪŋ]
estudo (obra)	studie (en)	['studiə]
laboratório (m)	laboratorium (ett)	[lʲabɔra'tɔrium]
palestra (f)	föreläsning (en)	['førəˌlʲɛsnɪŋ]
colega (m) de curso	studiekompis (en)	['studiəˌkɔmpis]
bolsa (f) de estudos	stipendium (ett)	[sti'pɛndium]
grau (m) acadêmico	akademisk grad (en)	[aka'demisk grad]

96. Ciências. Disciplinas

matemática (f)	**matematik (en)**	[matema'tik]
álgebra (f)	**algebra (en)**	['alˈgebra]
geometria (f)	**geometri (en)**	[jeʊmə'triː]
astronomia (f)	**astronomi (en)**	[astrʊnɔ'miː]
biologia (f)	**biologi (en)**	[biʊlˈɔ'giː]
geografia (f)	**geografi (en)**	[jeʊgra'fiː]
geologia (f)	**geologi (en)**	[jeʊlˈɔ'giː]
história (f)	**historia (en)**	[hi'stʊria]
medicina (f)	**medicin (en)**	[medi'sin]
pedagogia (f)	**pedagogik (en)**	[pedagɔ'gik]
direito (m)	**rätt (en)**	['ræt]
física (f)	**fysik (en)**	[fy'zik]
química (f)	**kemi (en)**	[ɕe'miː]
filosofia (f)	**filosofi (en)**	[filˈɔsɔ'fiː]
psicologia (f)	**psykologi (en)**	[sykʊlˈɔ'giː]

97. Sistema de escrita. Ortografia

gramática (f)	**grammatik (en)**	[grama'tik]
vocabulário (m)	**ordförråd (ett)**	['ʊːɖfœːˌroːd]
fonética (f)	**fonetik (en)**	[fɔne'tik]
substantivo (m)	**substantiv (ett)**	['substanˌtiv]
adjetivo (m)	**adjektiv (ett)**	['adjɛkˌtiv]
verbo (m)	**verb (ett)**	['vɛrb]
advérbio (m)	**adverb (ett)**	[ad'vɛrb]
pronome (m)	**pronomen (ett)**	[prʊ'nʊmən]
interjeição (f)	**interjektion (en)**	[intɛrjɛk'ɧʊn]
preposição (f)	**preposition (en)**	[prepʊsi'ɧʊn]
raiz (f)	**rot (en)**	['rʊt]
terminação (f)	**ändelse (en)**	['ɛndəlˈsə]
prefixo (m)	**prefix (ett)**	[prɛ'fiks]
sílaba (f)	**stavelse (en)**	['stavəlˈsə]
sufixo (m)	**suffix (ett)**	[su'fiːks]
acento (m)	**betoning (en)**	[be'tʊniŋ]
apóstrofo (f)	**apostrof (en)**	[apʊ'strɔf]
ponto (m)	**punkt (en)**	['pʊŋkt]
vírgula (f)	**komma (ett)**	['kɔma]
ponto e vírgula (m)	**semikolon (ett)**	['semikʊˌlˈɔn]
dois pontos (m pl)	**kolon (ett)**	[kʊ'lˈɔn]
reticências (f pl)	**tre punkter** (pl)	[trɛ 'pʊŋktər]
ponto (m) de interrogação	**frågetecken (ett)**	['froːgəˌtɛkən]
ponto (m) de exclamação	**utropstecken (ett)**	['ʊtrʊpsˌtɛkən]

aspas (f pl)	anföringstecken (pl)	[ɑn'fœriŋsˌtɛkən]
entre aspas	inom anföringstecken	['inɔm ɑn'fœriŋsˌtɛkən]
parênteses (m pl)	parentes (en)	[parɛn'tes]
entre parênteses	inom parentes	['inɔm parɛn'tes]

hífen (m)	bindestreck (ett)	['bindəˌstrɛk]
travessão (m)	tankstreck (ett)	['taŋkˌstrɛk]
espaço (m)	mellanrum (ett)	['mɛlʲanˌruːm]

letra (f)	bokstav (en)	['bʊkstav]
letra (f) maiúscula	stor bokstav (en)	['stʊr 'bʊkstav]

vogal (f)	vokal (en)	[vʊ'kalʲ]
consoante (f)	konsonant (en)	[kɔnsɔ'nant]

frase (f)	mening, sats (en)	['meniŋ], ['sats]
sujeito (m)	subjekt (ett)	[sub'jɛːkt]
predicado (m)	predikat (ett)	[predi'kat]

linha (f)	rad (en)	['rad]
em uma nova linha	på ny rad	[pɔ ny 'rad]
parágrafo (m)	stycke (ett)	['stʏkə]

palavra (f)	ord (ett)	['ʊːd]
grupo (m) de palavras	ordkombination (en)	['ʊːdˌkɔmbina'ʃʊn]
expressão (f)	uttryck (ett)	['ʉtˌtrʏk]
sinônimo (m)	synonym (en)	[synɔ'nym]
antônimo (m)	antonym, motsats (en)	[antɔ'nʏm], ['mʊtsats]

regra (f)	regel (en)	['regəlʲ]
exceção (f)	undantag (ett)	['undanˌtaːg]
correto (adj)	riktig	['riktig]

conjugação (f)	böjning (en)	['bœjniŋ]
declinação (f)	böjning (en)	['bœjniŋ]
caso (m)	kasus (ett)	['kasus]
pergunta (f)	fråga (en)	['froːga]
sublinhar (vt)	att understryka	[at 'undəˌstryka]
linha (f) pontilhada	pricklinje (en)	['prikˌlinjə]

98. Línguas estrangeiras

língua (f)	språk (ett)	['sproːk]
estrangeiro (adj)	främmande	['frɛmandə]
língua (f) estrangeira	främmande språk (ett)	['frɛmandə sproːk]
estudar (vt)	att studera	[at stu'dera]
aprender (vt)	att lära sig	[at 'lʲæːra sɛj]

ler (vt)	att läsa	[at 'lʲɛːsa]
falar (vi)	att tala	[at 'talʲa]
entender (vt)	att förstå	[at fœ'ːʂtoː]
escrever (vt)	att skriva	[at 'skriva]
rapidamente	snabbt	['snabt]
devagar, lentamente	långsamt	['lʲɔŋˌsamt]

fluentemente	flytande	['fliytandə]
regras (f pl)	regler (pl)	['rɛgliər]
gramática (f)	grammatik (en)	[grama'tik]
vocabulário (m)	ordförråd (ett)	['ʊːɖfœːˌroːd]
fonética (f)	fonetik (en)	[fone'tik]
livro (m) didático	lärobok (en)	['liæːrʊˌbʊk]
dicionário (m)	ordbok (en)	['ʊːɖˌbʊk]
manual (m) autodidático	självinstruerande lärobok (en)	['ɧɛliv instrʉ'ɛrandə 'liæːrʊˌbʊk]
guia (m) de conversação	parlör (en)	[pa:'liøːr]
fita (f) cassete	kassett (en)	[ka'sɛt]
videoteipe (m)	videokassett (en)	['videʊ ka'sɛt]
CD (m)	cd-skiva (en)	['sede ˌɧiva]
DVD (m)	dvd (en)	[deve'deː]
alfabeto (m)	alfabet (ett)	['alifabet]
soletrar (vt)	att stava	[at 'stava]
pronúncia (f)	uttal (ett)	['ʉtˌtali]
sotaque (m)	brytning (en)	['brʏtniŋ]
com sotaque	med brytning	[me 'brʏtniŋ]
sem sotaque	utan brytning	['ʉtan 'brʏtniŋ]
palavra (f)	ord (ett)	['ʊːd]
sentido (m)	betydelse (en)	[be'tydəlisə]
curso (m)	kurs (en)	['kuːʂ]
inscrever-se (vr)	att anmäla sig	[at 'anˌmɛːlia sɛj]
professor (m)	lärare (en)	['liæːrarə]
tradução (processo)	översättning (en)	['øːvəˌsætniŋ]
tradução (texto)	översättning (en)	['øːvəˌsætniŋ]
tradutor (m)	översättare (en)	['øːvəˌsætarə]
intérprete (m)	tolk (en)	['tolik]
poliglota (m)	polyglott (en)	[pʊlʏ'gliɔt]
memória (f)	minne (ett)	['minə]

Descanso. Entretenimento. Viagens

99. Viagens

turismo (m)	turism (en)	[tuˈrism]
turista (m)	turist (en)	[tuˈrist]
viagem (f)	resa (en)	[ˈresa]
aventura (f)	äventyr (ett)	[ˈɛ:vɛnˌtyr]
percurso (curta viagem)	tripp (en)	[ˈtrip]
férias (f pl)	semester (en)	[seˈmɛstər]
estar de férias	att ha semester	[at ha seˈmɛstər]
descanso (m)	uppehåll (ett), vila (en)	[ˈupəˈho:lʲ], [ˈvilʲa]
trem (m)	tåg (ett)	[ˈto:g]
de trem (chegar ~)	med tåg	[me ˈto:g]
avião (m)	flygplan (ett)	[ˈflʲygplʲan]
de avião	med flygplan	[me ˈflʲygplʲan]
de carro	med bil	[me ˈbilʲ]
de navio	med båt	[me ˈbo:t]
bagagem (f)	bagage (ett)	[baˈga:ʃ]
mala (f)	resväska (en)	[ˈrɛsˌvɛska]
carrinho (m)	bagagevagn (en)	[baˈga:ʃ ˌvagn]
passaporte (m)	pass (ett)	[ˈpas]
visto (m)	visum (ett)	[ˈvi:sum]
passagem (f)	biljett (en)	[biˈlʲet]
passagem (f) aérea	flygbiljett (en)	[ˈflʲyg biˌlʲet]
guia (m) de viagem	reseguidebok (en)	[ˈreseˌgajdbʊk]
mapa (m)	karta (en)	[ˈka:ʈa]
área (f)	område (ett)	[ˈɔmˌro:də]
lugar (m)	plats (en)	[ˈplʲats]
exotismo (m)	(det) exotiska	[ɛˈksɔtiska]
exótico (adj)	exotisk	[ɛkˈsɔtisk]
surpreendente (adj)	förunderlig	[føˈrundelig]
grupo (m)	grupp (en)	[ˈgrup]
excursão (f)	utflykt (en)	[ˈʊtˌflʲykt]
guia (m)	guide (en)	[ˈgajd]

100. Hotel

hotel (m)	hotell (ett)	[hʊˈtɛlʲ]
motel (m)	motell (ett)	[mʊˈtɛlʲ]
três estrelas	trestjärnigt	[ˈtreˌɧæ:ɳit]

cinco estrelas	**femstjärnigt**	[fɛmˌʂæːŋit]
ficar (vi, vt)	**att bo**	[at 'buː]
quarto (m)	**rum (ett)**	['ruːm]
quarto (m) individual	**enkelrum (ett)**	['ɛŋkəlʲˌruːm]
quarto (m) duplo	**dubbelrum (ett)**	['dubəlʲˌruːm]
reservar um quarto	**att boka rum**	[at 'buka 'ruːm]
meia pensão (f)	**halvpension (en)**	['halʲvˌpanˈɧʊn]
pensão (f) completa	**helpension (en)**	['helʲˌpanˈɧʊn]
com banheira	**med badkar**	[me 'badˌkar]
com chuveiro	**med dusch**	[me 'duʃ]
televisão (m) por satélite	**satellit-TV (en)**	[satɛ'liːt 'teve]
ar (m) condicionado	**luftkonditionerare (en)**	['lʊftˌkɔndiɧʊ'nerarə]
toalha (f)	**handduk (en)**	['handˌdʉːk]
chave (f)	**nyckel (en)**	['nʏkəlʲ]
administrador (m)	**administratör (en)**	[administra'tør]
camareira (f)	**städerska (en)**	['stɛːdɛʂka]
bagageiro (m)	**bärare (en)**	['bæːrarə]
porteiro (m)	**portier (en)**	[pɔːˈtʲeː]
restaurante (m)	**restaurang (en)**	[rɛstɔ'raŋ]
bar (m)	**bar (en)**	['bar]
café (m) da manhã	**frukost (en)**	['frʉːkɔst]
jantar (m)	**kvällsmat (en)**	['kvɛlʲsˌmat]
bufê (m)	**buffet (en)**	[bu'fet]
saguão (m)	**lobby (en)**	['lʲɔbi]
elevador (m)	**hiss (en)**	['his]
NÃO PERTURBE	**STÖR EJ!**	['støːr ɛj]
PROIBIDO FUMAR!	**RÖKNING FÖRBJUDEN**	['rœkniŋ førˈbjʉːdən]

EQUIPAMENTO TÉCNICO. TRANSPORTES

Equipamento técnico. Transportes

101. Computador

computador (m)	dator (en)	['datʊr]
computador (m) portátil	bärbar dator (en)	['bærbar 'datʊr]
ligar (vt)	att slå på	[at 'slʲo: pɔ]
desligar (vt)	att slå av	[at 'slʲo: 'av]
teclado (m)	tangentbord (ett)	[tan'jent‚bu:ɖ]
tecla (f)	tangent (en)	[tan'jent]
mouse (m)	mus (en)	['mʉ:s]
tapete (m) para mouse	musmatta (en)	['mʉ:s‚mata]
botão (m)	knapp (en)	['knap]
cursor (m)	markör (en)	[mar'kø:r]
monitor (m)	monitor, bildskärm (en)	[mɔni'tor], ['bilʲdɧæ:rm]
tela (f)	skärm (en)	['ɧæ:rm]
disco (m) rígido	hårddisk (en)	['ho:ɖ‚disk]
capacidade (f) do disco rígido	hårddisk kapacitet (en)	['ho:ɖ‚disk kapasi'tet]
memória (f)	minne (ett)	['minə]
memória RAM (f)	operativminne (ett)	[ɔpera'tiv‚minə]
arquivo (m)	fil (en)	['filʲ]
pasta (f)	mapp (en)	['map]
abrir (vt)	att öppna	[at 'øpna]
fechar (vt)	att stänga	[at 'stɛŋa]
salvar (vt)	att bevara	[at be'vara]
deletar (vt)	att ta bort, att radera	[at ta 'bɔ:ʈ], [at ra'dera]
copiar (vt)	att kopiera	[at kɔ'pjera]
ordenar (vt)	att sortera	[at sɔ:'ʈera]
copiar (vt)	att överföra	[at ø:və‚føra]
programa (m)	program (ett)	[prɔ'gram]
software (m)	programvara (en)	[prɔ'gram‚vara]
programador (m)	programmerare (en)	[prɔgra'merarə]
programar (vt)	att programmera	[at prɔgra'mera]
hacker (m)	hackare (en)	['hakarə]
senha (f)	lösenord (ett)	['lʲø:sən‚ʊ:ɖ]
vírus (m)	virus (ett)	['vi:rʉs]
detectar (vt)	att upptäcka	[at 'up‚tɛka]
byte (m)	byte (ett)	['bajt]

megabyte (m)	megabyte (en)	['mega₁bajt]
dados (m pl)	data (pl)	['data]
base (f) de dados	databas (en)	['data₁bas]

cabo (m)	kabel (en)	['kabəlʲ]
desconectar (vt)	att koppla från	[at 'koplʲa frɔn]
conectar (vt)	att koppla	[at 'koplʲa]

102. Internet. E-mail

internet (f)	Internet	['intɛ:₁ŋɛt]
browser (m)	webbläsare (en)	['vɛb₁lʲɛ:sarə]
motor (m) de busca	sökmotor (en)	['sø:k₁mʊtʊr]
provedor (m)	leverantör (en)	[lʲevəran'tø:r]

webmaster (m)	webbmästare (en)	['vɛb₁mɛstarə]
website (m)	webbplats (en)	['vɛb₁plʲats]
web page (f)	webbsida (en)	['vɛb₁sida]

endereço (m)	adress (en)	[a'drɛs]
livro (m) de endereços	adressbok (en)	[a'drɛs₁bʊk]

caixa (f) de correio	brevlåda (en)	['brev₁lʲo:da]
correio (m)	post (en)	['pɔst]
cheia (caixa de correio)	full	['fulʲ]

mensagem (f)	meddelande (ett)	[me'delʲandə]
mensagens (f pl) recebidas	inkommande meddelanden	[in'kɔmandə me'delʲandən]
mensagens (f pl) enviadas	utgående meddelanden	['ʊt₁go:əndə me'delʲandən]
remetente (m)	avsändare (en)	['av₁sɛndarə]
enviar (vt)	att skicka	[at 'ɧika]
envio (m)	avsändning (en)	['av₁sɛndniŋ]
destinatário (m)	mottagare (en)	['mɔt₁tagarə]
receber (vt)	att ta emot	[at ta ɛmo:t]

correspondência (f)	korrespondens (en)	[kɔrɛspon'dɛns]
corresponder-se (vr)	att brevväxla	[at 'brev₁vɛkslʲa]

arquivo (m)	fil (en)	['filʲ]
fazer download, baixar (vt)	att ladda ner	[at 'lʲada ner]
criar (vt)	att skapa	[at 'skapa]
deletar (vt)	att ta bort, att radera	[at ta 'bɔ:ʈ], [at ra'dera]
deletado (adj)	borttagen	['bɔ:ʈ₁ta:gən]

conexão (f)	förbindelse (en)	[før'bindəlʲsə]
velocidade (f)	hastighet (en)	['hastig₁het]
modem (m)	modem (ett)	[mʊ'dem]
acesso (m)	tillträde (ett)	['tilʲtrɛ:də]
porta (f)	port (en)	['pɔ:ʈ]

conexão (f)	uppkoppling (en)	['up₁koplʲiŋ]
conectar (vi)	att ansluta	[at 'an₁slʉ:ta]
escolher (vt)	att välja	[at 'vɛlja]
buscar (vt)	att söka efter ...	[at 'sø:ka ₁ɛftər ...]

103. Eletricidade

eletricidade (f)	elektricitet (en)	[ɛlʲektrisi'tet]
elétrico (adj)	elektrisk	[ɛ'lʲektrisk]
planta (f) elétrica	kraftverk (ett)	['kraft‚vɛrk]
energia (f)	energi (en)	[ɛner'ɕi]
energia (f) elétrica	elkraft (en)	['ɛlʲ‚kraft]
lâmpada (f)	glödlampa (en)	['glʲø:d‚lʲampa]
lanterna (f)	ficklampa (en)	['fik‚lʲampa]
poste (m) de iluminação	gatlykta (en)	['gat‚lʲykta]
luz (f)	ljus (ett)	['jɵ:s]
ligar (vt)	att slå på	[at 'slʲo: pɔ]
desligar (vt)	att slå av	[at 'slʲo: 'av]
apagar a luz	att släcka ljuset	[at 'slʲɛka 'jɵ:sət]
queimar (vi)	att brinna ut	[at 'brina ɵt]
curto-circuito (m)	kortslutning (en)	['kɔ:ʈ‚slɵ:tniŋ]
ruptura (f)	kabelbrott (ett)	['kabəlʲ‚brɔt]
contato (m)	kontakt (en)	[kɔn'takt]
interruptor (m)	strömbrytare (en)	['strø:m‚brytarə]
tomada (de parede)	eluttag (ett)	['ɛlʲ‚ɵ:'tag]
plugue (m)	stickkontakt (en)	['stik kɔn'takt]
extensão (f)	grenuttag (ett)	['grenɵ:‚tag]
fusível (m)	säkring (en)	['sɛkriŋ]
fio, cabo (m)	ledning (en)	['lʲedniŋ]
instalação (f) elétrica	ledningsnät (ett)	['lʲedniŋs‚nɛ:t]
ampère (m)	ampere (en)	[am'pɛr]
amperagem (f)	strömstyrka (en)	['strø:m‚styrka]
volt (m)	volt (en)	['vɔlʲt]
voltagem (f)	spänning (en)	['spɛniŋ]
aparelho (m) elétrico	elektrisk apparat (en)	[ɛ'lʲektrisk apa'rat]
indicador (m)	indikator (en)	[indi'katɵr]
eletricista (m)	elektriker (en)	[ɛ'lʲektrikər]
soldar (vt)	att löda	[at 'lʲø:da]
soldador (m)	lödkolv (en)	['lʲø:d‚kɔlʲv]
corrente (f) elétrica	ström (en)	['strø:m]

104. Ferramentas

ferramenta (f)	verktyg (ett)	['vɛrk‚tyg]
ferramentas (f pl)	verktyg (pl)	['vɛrk‚tyg]
equipamento (m)	utrustning (en)	['ɵ‚trustniŋ]
martelo (m)	hammare (en)	['hamarə]
chave (f) de fenda	skruvmejsel (en)	['skrɵ:v‚mɛjsəlʲ]
machado (m)	yxa (en)	['yksa]

serra (f)	såg (en)	['soːg]
serrar (vt)	att såga	[at 'soːga]
plaina (f)	hyvel (en)	['hyvəlʲ]
aplainar (vt)	att hyvla	[at 'hyvlʲa]
soldador (m)	lödkolv (en)	['lʲøːd‚kolʲv]
soldar (vt)	att löda	[at 'lʲøːda]

lima (f)	fil (en)	['filʲ]
tenaz (f)	kniptång (en)	['knip‚toŋ]
alicate (m)	flacktång (en)	['flʲak‚toŋ]
formão (m)	stämjärn, huggjärn (ett)	['stɛm‚jæːŋ], ['hug‚jæːŋ]

broca (f)	borr (en)	['bor]
furadeira (f) elétrica	borrmaskin (en)	['bor‚ma'ɧiːn]
furar (vt)	att borra	[at 'bora]

| faca (f) | kniv (en) | ['kniv] |
| lâmina (f) | blad (ett) | ['blʲad] |

afiado (adj)	skarp	['skarp]
cego (adj)	slö	['slʲøː]
embotar-se (vr)	att bli slö	[at bli 'slʲøː]
afiar, amolar (vt)	att slipa, att vässa	[at 'slipa], [at 'vɛsa]

parafuso (m)	bult (en)	['bulʲt]
porca (f)	mutter (en)	['mutər]
rosca (f)	gänga (en)	['jɛŋa]
parafuso (para madeira)	skruv (en)	['skruːv]

| prego (m) | spik (en) | ['spik] |
| cabeça (f) do prego | spikhuvud (ett) | ['spik‚huːvʉd] |

régua (f)	linjal (en)	[li'njalʲ]
fita (f) métrica	måttband (ett)	['mot‚band]
nível (m)	vattenpass (ett)	['vatən‚pas]
lupa (f)	lupp (en)	['lʉp]

medidor (m)	mätinstrument (ett)	['mɛːt‚instru'mɛnt]
medir (vt)	att mäta	[at 'mɛːta]
escala (f)	skala (en)	['skalʲa]
indicação (f), registro (m)	avläsningar (pl)	['av‚lʲɛsniŋar]

| compressor (m) | kompressor (en) | [kom'prɛsʉr] |
| microscópio (m) | mikroskop (ett) | [mikrʉ'skop] |

bomba (f)	pump (en)	['pump]
robô (m)	robot (en)	['robot]
laser (m)	laser (en)	['lʲasər]

chave (f) de boca	skruvnyckel (en)	['skruːv‚nʏkəlʲ]
fita (f) adesiva	tejp (en)	['tɛjp]
cola (f)	lim (ett)	['lim]

lixa (f)	sandpapper (ett)	['sand‚papər]
mola (f)	fjäder (en)	['fjɛ:dər]
ímã (m)	magnet (en)	[mag'net]

luva (f)	handskar (pl)	['hanskar]
corda (f)	rep (ett)	['rep]
cabo (~ de nylon, etc.)	snör (ett)	['snø:r]
fio (m)	tråd, ledning (en)	['tro:d], ['lʲedniŋ]
cabo (~ elétrico)	kabel (en)	['kabəlʲ]

marreta (f)	slägga (en)	['slʲɛga]
pé de cabra (m)	spett, järnspett (ett)	['spɛt], ['jæ:ɳˌspɛt]
escada (f) de mão	stege (en)	['stegə]
escada (m)	trappstege (en)	['trapˌstegə]

enroscar (vt)	att skruva fast	[at 'skruː:va fast]
desenroscar (vt)	att skruva av	[at 'skruː:va av]
apertar (vt)	att klämma	[at 'klʲɛma]
colar (vt)	att klistra, att limma	[at 'klistra], [at 'lima]
cortar (vt)	att skära	[at 'ɧæ:ra]

falha (f)	funktionsstörning (en)	[fuŋk'ɧʊnsˌstø:ɳiŋ]
conserto (m)	reparation (en)	[repara'ɧʊn]
consertar, reparar (vt)	att reparera	[at repa'rera]
regular, ajustar (vt)	att justera	[at ɧu'stera]

verificar (vt)	att checka	[at 'ɕɛka]
verificação (f)	kontroll (en)	[kɔn'trolʲ]
indicação (f), registro (m)	avläsningar (pl)	['avˌlʲɛsniŋar]

seguro (adj)	pålitlig	['poˌlitlig]
complicado (adj)	komplex	[kɔm'plʲeks]

enferrujar (vi)	att rosta	[at 'rɔsta]
enferrujado (adj)	rostig	['rɔstig]
ferrugem (f)	rost (en)	['rɔst]

Transportes

105. Avião

avião (m)	flygplan (ett)	['flʲygplʲan]
passagem (f) aérea	flygbiljett (en)	['flʲyg biˌlʲet]
companhia (f) aérea	flygbolag (ett)	['flʲyg͵bulʲag]
aeroporto (m)	flygplats (en)	['flʲyg͵plʲats]
supersônico (adj)	överljuds-	['øːvərˌjʉːds-]
comandante (m) do avião	kapten (en)	[kap'ten]
tripulação (f)	besättning (en)	[be'sætniŋ]
piloto (m)	pilot (en)	[pi'lʲʊt]
aeromoça (f)	flygvärdinna (en)	['flʲyg͵væːɖina]
copiloto (m)	styrman (en)	['styr͵man]
asas (f pl)	vingar (pl)	['viŋar]
cauda (f)	stjärtfena (en)	['ɧæːʈ feːna]
cabine (f)	cockpit, förarkabin (en)	['kɔkpit], ['føːrarˌka'bin]
motor (m)	motor (en)	['mʊtʊr]
trem (m) de pouso	landningsställ (ett)	['landniŋsˌstɛlʲ]
turbina (f)	turbin (en)	[tur'bin]
hélice (f)	propeller (en)	[prʊ'pɛlʲər]
caixa-preta (f)	svart låda (en)	['svaːʈ 'lʲoːda]
coluna (f) de controle	styrspak (ett)	['styːˌʂpak]
combustível (m)	bränsle (ett)	['brɛnslʲe]
instruções (f pl) de segurança	säkerhetsinstruktion (en)	['sɛːkərhets instruk'ɧʊn]
máscara (f) de oxigênio	syremask (en)	['syre͵mask]
uniforme (m)	uniform (en)	[uni'fɔrm]
colete (m) salva-vidas	räddningsväst (en)	['rɛdniŋˌvɛst]
paraquedas (m)	fallskärm (en)	['falʲˌɧæːrm]
decolagem (f)	start (en)	['staːʈ]
descolar (vi)	att lyfta	[at 'lʲyfta]
pista (f) de decolagem	startbana (en)	['staːʈˌbaːna]
visibilidade (f)	siktbarhet (en)	['siktbar͵het]
voo (m)	flygning (en)	['flʲygniŋ]
altura (f)	höjd (en)	['hœjd]
poço (m) de ar	luftgrop (en)	['lʉftˌgrʊp]
assento (m)	plats (en)	['plʲats]
fone (m) de ouvido	hörlurar (pl)	['hœːˌlʲʉːrar]
mesa (f) retrátil	utfällbart bord (ett)	['ʉtfɛlʲˌbart 'bʊːɖ]
janela (f)	fönster (ett)	['fœnstər]
corredor (m)	mittgång (en)	['mitˌgɔŋ]

106. Comboio

trem (m)	tåg (ett)	['to:g]
trem (m) elétrico	lokaltåg, pendeltåg (ett)	[lʲɔ'kalʲˌto:g], ['pendəlˌto:g],
trem (m)	expresståg (ett)	[ɛks'prɛsˌto:g]
locomotiva (f) diesel	diesellokomotiv (ett)	['disəlʲ lʲɔkɔmɔ'tiv]
locomotiva (f) a vapor	ånglokomotiv (en)	['ɔŋˌlʲɔkɔmɔ'tiv]

vagão (f) de passageiros	vagn (en)	['vagn]
vagão-restaurante (m)	restaurangvagn (en)	[rɛstɔ'raŋˌvagn]

carris (m pl)	räls, rälsar (pl)	['rɛlʲs], ['rɛlʲsar]
estrada (f) de ferro	järnväg (en)	['jæːnˌvɛ:g]
travessa (f)	sliper (en)	['slipər]

plataforma (f)	perrong (en)	[pɛ'rɔŋ]
linha (f)	spår (ett)	['spo:r]
semáforo (m)	semafor (en)	[sema'fɔr]
estação (f)	station (en)	[sta'ɧʊn]

maquinista (m)	lokförare (en)	['lʲʊkˌfø:rarə]
bagageiro (m)	bärare (en)	['bæ:rarə]
hospedeiro, -a (m, f)	tågvärd (en)	['to:gˌvæ:d]
passageiro (m)	passagerare (en)	[pasa'ɧerarə]
revisor (m)	kontrollant (en)	[kɔntrɔ'lʲant]

corredor (m)	korridor (en)	[kɔri'dɔ:r]
freio (m) de emergência	nödbroms (en)	['nø:dˌbrɔms]

compartimento (m)	kupé (en)	[kʉ'pe:]
cama (f)	slaf, säng (en)	['slaf], ['sɛŋ]
cama (f) de cima	överslaf (en)	['øvəˌslaf]
cama (f) de baixo	underslaf (en)	['undəˌslaf]
roupa (f) de cama	sängkläder (pl)	['sɛŋˌklʲɛ:dər]

passagem (f)	biljett (en)	[bi'lʲet]
horário (m)	tidtabell (en)	['tid ta'bɛlʲ]
painel (m) de informação	informationstavla (en)	[infɔrma'ɧʊnsˌtavlʲa]

partir (vt)	att avgå	[at 'avˌgo:]
partida (f)	avgång (en)	['avˌgɔŋ]

chegar (vi)	att ankomma	[at 'aŋˌkɔma]
chegada (f)	ankomst (en)	['aŋˌkɔmst]

chegar de trem	att ankomma med tåget	[at 'aŋˌkɔma me 'to:gət]
pegar o trem	att stiga på tåget	[at 'stiga pɔ 'to:gət]
descer de trem	att stiga av tåget	[at 'stiga av 'to:gət]

acidente (m) ferroviário	tågolycka (en)	['to:g ʊ:'lʲyka]
descarrilar (vi)	att spåra ur	[at 'spo:ra ʉ:r]
locomotiva (f) a vapor	ånglokomotiv (en)	['ɔŋˌlʲɔkɔmɔ'tiv]
foguista (m)	eldare (en)	['ɛlʲdarə]
fornalha (f)	eldstad (en)	['ɛlʲdˌstad]
carvão (m)	kol (ett)	['kɔlʲ]

107. Barco

navio (m)	skepp (ett)	['ɧɛp]
embarcação (f)	fartyg (ett)	['fa:ˌtyg]
barco (m) a vapor	ångbåt (en)	['ɔŋˌbo:t]
barco (m) fluvial	flodbåt (en)	['flʊdˌbo:t]
transatlântico (m)	kryssningfartyg (ett)	['krysniŋˌfa:'tyg]
cruzeiro (m)	kryssare (en)	['krʏsarə]
iate (m)	jakt (en)	['jakt]
rebocador (m)	bogserbåt (en)	['bʊksɛ:rˌbo:t]
barcaça (f)	pråm (en)	['pro:m]
ferry (m)	färja (en)	['fæ:rja]
veleiro (m)	segelbåt (en)	['segəlʲˌbo:t]
bergantim (m)	brigantin (en)	[brigan'tin]
quebra-gelo (m)	isbrytare (en)	['isˌbrytarə]
submarino (m)	ubåt (en)	[ʉ:'bo:t]
bote, barco (m)	båt (en)	['bo:t]
baleeira (bote salva-vidas)	jolle (en)	['jɔlʲe]
bote (m) salva-vidas	livbåt (en)	['livˌbo:t]
lancha (f)	motorbåt (en)	['mʊtʊrˌbo:t]
capitão (m)	kapten (en)	[kap'ten]
marinheiro (m)	matros (en)	[ma'trʊs]
marujo (m)	sjöman (en)	['ɧø:ˌman]
tripulação (f)	besättning (en)	[be'sætniŋ]
contramestre (m)	båtsman (en)	['bɔtsman]
grumete (m)	jungman (en)	['jʉŋˌman]
cozinheiro (m) de bordo	kock (en)	['kɔk]
médico (m) de bordo	skeppsläkare (en)	['ɧɛpˌlʲɛ:karə]
convés (m)	däck (ett)	['dɛk]
mastro (m)	mast (en)	['mast]
vela (f)	segel (ett)	['segəlʲ]
porão (m)	lastrum (ett)	['lʲastˌru:m]
proa (f)	bog (en)	['bʊg]
popa (f)	akter (en)	['aktər]
remo (m)	åra (en)	['o:ra]
hélice (f)	propeller (en)	[prʊ'pɛlʲər]
cabine (m)	hytt (en)	['hʏt]
sala (f) dos oficiais	officersmäss (en)	[ɔfi'se:rsˌmɛs]
sala (f) das máquinas	maskinrum (ett)	[ma'ɧi:nˌru:m]
ponte (m) de comando	kommandobrygga (en)	[kɔm'andʊˌbrʏga]
sala (f) de comunicações	radiohytt (en)	['radiʊˌhʏt]
onda (f)	våg (en)	['vo:g]
diário (m) de bordo	loggbok (en)	['lʲɔgˌbʊk]
luneta (f)	tubkikare (en)	['tʉbˌçikarə]
sino (m)	klocka (en)	['klʲɔka]

bandeira (f)	flagga (en)	['flᵢaga]
cabo (m)	tross (en)	['trɔs]
nó (m)	knop, knut (en)	['knʊp], ['knʊt]

| corrimão (m) | räcken (pl) | ['rɛkən] |
| prancha (f) de embarque | landgång (en) | ['lᵢand,gɔŋ] |

âncora (f)	ankar (ett)	['aŋkar]
recolher a âncora	att lätta ankar	[at 'lᵢæta 'aŋkar]
jogar a âncora	att kasta ankar	[at 'kasta 'aŋkar]
amarra (corrente de âncora)	ankarkätting (en)	['aŋkar,ɕætiŋ]

porto (m)	hamn (en)	['hamn]
cais, amarradouro (m)	kaj (en)	['kaj]
atracar (vi)	att förtöja	[at fœ:'ʈœ:ja]
desatracar (vi)	att kasta loss	[at 'kasta 'lᵢɔs]

viagem (f)	resa (en)	['resa]
cruzeiro (m)	kryssning (en)	['krʏsniŋ]
rumo (m)	kurs (en)	['ku:ʂ]
itinerário (m)	rutt (en)	['rut]

canal (m) de navegação	farled, segelled (en)	['fa:[ᵢed], ['segəl,led]
banco (m) de areia	grund (ett)	['grʊnd]
encalhar (vt)	att gå på grund	[at 'go: pɔ 'grʊnd]

tempestade (f)	storm (en)	['stɔrm]
sinal (m)	signal (en)	[sig'nalʲ]
afundar-se (vr)	att sjunka	[at 'ɧuŋka]
Homem ao mar!	Man överbord!	['man 'ø:və,bu:d̪]
SOS	SOS	[ɛso'ɛs]
boia (f) salva-vidas	livboj (en)	['liv,bɔj]

108. Aeroporto

aeroporto (m)	flygplats (en)	['flʲyg,plᵢats]
avião (m)	flygplan (ett)	['flʲygplᵢan]
companhia (f) aérea	flygbolag (ett)	['flʲyg,buᵢag]
controlador (m) de tráfego aéreo	flygledare (en)	['flʲyg,lᵢedarə]

partida (f)	avgång (en)	['av,gɔŋ]
chegada (f)	ankomst (en)	['aŋ,kɔmst]
chegar (vi)	att ankomma	[at 'aŋ,kɔma]

| hora (f) de partida | avgångstid (en) | ['avgɔŋs,tid] |
| hora (f) de chegada | ankomsttid (en) | ['aŋkɔmst,tid] |

| estar atrasado | att bli försenad | [at bli fœ:'ʂɛnad] |
| atraso (m) de voo | avgångsförsening (en) | ['avgɔŋs,fœ:'ʂɛniŋ] |

painel (m) de informação	informationstavla (en)	[informa'ɧʊns,tavlᵢa]
informação (f)	information (en)	[informa'ɧʊn]
anunciar (vt)	att meddela	[at 'me,delᵢa]

voo (m)	flyg (ett)	['flʲyg]
alfândega (f)	tull (en)	['tulʲ]
funcionário (m) da alfândega	tulltjänsteman (en)	['tulʲ 'ɕɛnstə,man]
declaração (f) alfandegária	tulldeklaration (en)	['tulʲ,dɛklʲara'ɧʊn]
preencher (vt)	att fylla i	[at 'fylʲa 'i]
preencher a declaração	att fylla i en tulldeklaration	[at 'fylʲa i en 'tulʲ,dɛklʲara'ɧʊn]
controle (m) de passaporte	passkontroll (en)	['paskɔn,trolʲ]
bagagem (f)	bagage (ett)	[ba'ga:ʃ]
bagagem (f) de mão	handbagage (ett)	['hand ba,ga:ʃ]
carrinho (m)	bagagevagn (en)	[ba'ga:ʃ ,vagn]
pouso (m)	landning (en)	['lʲandniŋ]
pista (f) de pouso	landningsbana (en)	['lʲandniŋs,bana]
aterrissar (vi)	att landa	[at 'lʲanda]
escada (f) de avião	trappa (en)	['trapa]
check-in (m)	incheckning (en)	['in,ɕɛkniŋ]
balcão (m) do check-in	incheckningsdisk (en)	['in,ɕɛkniŋs 'disk]
fazer o check-in	att checka in	[at 'ɕɛka in]
cartão (m) de embarque	boardingkort (ett)	['bɔ:dɪŋ,kɔ:t]
portão (m) de embarque	gate (en)	['gejt]
trânsito (m)	transit (en)	['transit]
esperar (vi, vt)	att vänta	[at 'vɛnta]
sala (f) de espera	väntsal (en)	['vɛnt,salʲ]
despedir-se (acompanhar)	att vinka av	[at 'viŋka av]
despedir-se (dizer adeus)	att säga adjö	[at 'sɛ:ja a'jø:]

Eventos

109. Férias. Evento

festa (f)	fest (en)	['fɛst]
feriado (m) nacional	nationaldag (en)	[natʃʉ'naliˌdag]
feriado (m)	helgdag (en)	['hɛljˌdag]
festejar (vt)	att fira	[at 'fira]

evento (festa, etc.)	begivenhet (en)	[be'jivənˌhet]
evento (banquete, etc.)	evenemang (ett)	[ɛvenə'maŋ]
banquete (m)	bankett (en)	[baŋ'ket]
recepção (f)	reception (en)	[resɛp'ʃʉn]
festim (m)	fest (en)	['fɛst]

aniversário (m)	årsdag (en)	['oːʂˌdag]
jubileu (m)	jubileum (ett)	[jʉbi'lieum]
celebrar (vt)	att fira	[at 'fira]

Ano (m) Novo	nyår (ett)	['nyˌoːr]
Feliz Ano Novo!	Gott Nytt År!	[gɔt nʏt 'oːr]
Papai Noel (m)	Jultomten	['juliˌtɔmtən]

Natal (m)	jul (en)	['juːli]
Feliz Natal!	God jul!	[ˌgʉd 'juːli]
árvore (f) de Natal	julgran (en)	['juliˌgran]
fogos (m pl) de artifício	fyrverkeri (ett)	[fyrvɛrke'riː]

casamento (m)	bröllop (ett)	['brœliɔp]
noivo (m)	brudgum (en)	['brʉːdˌguːm]
noiva (f)	brud (en)	['brʉːd]

convidar (vt)	att inbjuda, att invitera	[at in'bjʉːda], [at invi'tera]
convite (m)	inbjudan (en)	[in'bjʉːdan]

convidado (m)	gäst (en)	['jɛst]
visitar (vt)	att besöka	[at be'søːka]
receber os convidados	att hälsa på gästerna	[at 'hɛlisa pɔ 'jɛsteɳa]

presente (m)	gåva, present (en)	['goːva], [pre'sɛnt]
oferecer, dar (vt)	att ge	[at jeː]
receber presentes	att få presenter	[at foː pre'sɛntər]
buquê (m) de flores	bukett (en)	[bʉ'kɛt]

felicitações (f pl)	lyckönskning (en)	['liykˌøŋskniŋ]
felicitar (vt)	att gratulera	[at gratʉ'liera]

cartão (m) de parabéns	gratulationskort (ett)	[gratʉlia'ʃʉnsˌkɔːt]
enviar um cartão postal	att skicka vykort	[at 'ʃika 'vyˌkɔːt]
receber um cartão postal	att få vykort	[at foː 'vyˌkɔːt]

brinde (m)	skål (en)	['sko:lʲ]
oferecer (vt)	att bjuda	[at 'bjɵ:da]
champanhe (m)	champagne (en)	[ɧam'panʲ]
divertir-se (vr)	att ha roligt	[at ha 'rʊlit]
diversão (f)	uppsluppenhet (en)	['up‚slupənhet]
alegria (f)	glädje (en)	['glʲɛdjə]
dança (f)	dans (en)	['dans]
dançar (vi)	att dansa	[at 'dansa]
valsa (f)	vals (en)	['valʲs]
tango (m)	tango (en)	['taŋgɔ]

110. Funerais. Enterro

cemitério (m)	kyrkogård (en)	['çyrkʊ‚go:d]
sepultura (f), túmulo (m)	grav (en)	['grav]
cruz (f)	kors (ett)	['kɔ:ʂ]
lápide (f)	gravsten (en)	['grav‚sten]
cerca (f)	stängsel (ett)	['stɛŋsəlʲ]
capela (f)	kapell (ett)	[ka'pɛlʲ]
morte (f)	död (en)	['dø:d]
morrer (vi)	att dö	[at 'dø:]
defunto (m)	den avlidne	[dɛn 'av‚lidnə]
luto (m)	sorg (en)	['sɔrj]
enterrar, sepultar (vt)	att begrava	[at be'grava]
funerária (f)	begravningsbyrå (en)	[be'gravniŋs‚byro:]
funeral (m)	begravning (en)	[be'gravniŋ]
coroa (f) de flores	krans (en)	['krans]
caixão (m)	likkista (en)	['lik‚çista]
carro (m) funerário	likvagn (en)	['lik‚vagn]
mortalha (f)	liksvepning (en)	['lik‚svɛpniŋ]
procissão (f) funerária	begravningståg (ett)	[be'gravniŋs‚to:g]
urna (f) funerária	gravurna (en)	['grav‚u:ɳa]
crematório (m)	krematorium (ett)	[krema'tɔrium]
obituário (m), necrologia (f)	nekrolog (en)	[nɛkrʊ'lʲɔg]
chorar (vi)	att gråta	[at 'gro:ta]
soluçar (vi)	att snyfta	[at 'snʏfta]

111. Guerra. Soldados

pelotão (m)	pluton (en)	[plɵ'tʊn]
companhia (f)	kompani (ett)	[kɔmpa'ni:]
regimento (m)	regemente (ett)	[rege'mɛntə]
exército (m)	här, armé (en)	['hæ:r], [ar'me:]
divisão (f)	division (en)	[divi'ɧʊn]

| esquadrão (m) | trupp (en) | ['trup] |
| hoste (f) | här (en) | ['hæːr] |

| soldado (m) | soldat (en) | [sʊlʲ'dat] |
| oficial (m) | officer (en) | [ɔfi'seːr] |

soldado (m) raso	menig (en)	['menig]
sargento (m)	sergeant (en)	[sɛr'ɧant]
tenente (m)	löjtnant (en)	['lʲœjt,nant]
capitão (m)	kapten (en)	[kap'ten]
major (m)	major (en)	[ma'jʊːr]
coronel (m)	överste (en)	['øːvəʂtə]
general (m)	general (en)	[jene'ralʲ]

marujo (m)	sjöman (en)	['ɧøː,man]
capitão (m)	kapten (en)	[kap'ten]
contramestre (m)	båtsman (en)	['bɔtsman]

artilheiro (m)	artillerist (en)	[aːʈilʲe'rist]
soldado (m) paraquedista	fallskärmsjägare (en)	['falʲɧæːrms jɛːgarə]
piloto (m)	flygare (en)	['flʲygarə]
navegador (m)	styrman (en)	['styr,man]
mecânico (m)	mekaniker (en)	[me'kanikər]

sapador-mineiro (m)	pionjär (en)	[piʊ'njæːr]
paraquedista (m)	fallskärmshoppare (en)	['falʲɧæːrms ,hɔparə]
explorador (m)	spaningssoldat (en)	['spaniŋs sʊlʲ'dat]
atirador (m) de tocaia	prickskytt (en)	['prik,ɧyt]
patrulha (f)	patrull (en)	[pat'rulʲ]
patrulhar (vt)	att patrullera	[at patru'lʲera]
sentinela (f)	vakt (en)	['vakt]

guerreiro (m)	krigare (en)	['krigarə]
patriota (m)	patriot (en)	[patri'ʊt]
herói (m)	hjälte (en)	['jɛlʲtə]
heroína (f)	hjältinna (en)	['jɛlʲ,tina]

traidor (m)	förrädare (en)	[fœ:'rɛːdarə]
trair (vt)	att förråda	[at fœ:'roːda]
desertor (m)	desertör (en)	[desɛ:'ʈøːr]
desertar (vt)	att desertera	[at desɛ:'ʈera]

mercenário (m)	legosoldat (en)	['lʲegʊ,sʊlʲ'dat]
recruta (m)	rekryt (en)	[rɛk'ryt]
voluntário (m)	frivillig (en)	['fri,vilig]

morto (m)	döda (en)	['døːda]
ferido (m)	sårad (en)	['soːrad]
prisioneiro (m) de guerra	fånge (en)	['fɔŋə]

112. Guerra. Ações militares. Parte 1

| guerra (f) | krig (ett) | ['krig] |
| guerrear (vt) | att vara i krig | [at 'vara i ,krig] |

guerra (f) civil	inbördeskrig (ett)	['inbø:dɛsˌkrig]
perfidamente	lömsk, förrädisk	['lʲømsk], [fœ:'rɛdisk]
declaração (f) de guerra	krigsförklaring (en)	['krigsˌfør'klʲariŋ]
declarar guerra	att förklara	[at før'klʲara]
agressão (f)	aggression (en)	[agrɛ'ʃʉn]
atacar (vt)	att angripa	[at 'anˌgripa]
invadir (vt)	att invadera	[at inva'dera]
invasor (m)	angripare (en)	['anˌgriparə]
conquistador (m)	erövrare (en)	[ɛ'rœvrarə]
defesa (f)	försvar (ett)	[fœ:'ʂvar]
defender (vt)	att försvara	[at fœ:'ʂvara]
defender-se (vr)	att försvara sig	[at fœ:'ʂvara sɛj]
inimigo (m)	fiende (en)	['fjɛndə]
adversário (m)	motståndare (en)	['mʉtˌstɔndarə]
inimigo (adj)	fientlig	['fjɛntlig]
estratégia (f)	strategi (en)	[strate'ʃiː]
tática (f)	taktik (en)	[tak'tik]
ordem (f)	order (en)	['ɔːdər]
comando (m)	order, kommando (en)	['ɔːdər], [kɔm'mandʉ]
ordenar (vt)	att beordra	[at be'oːdra]
missão (f)	uppdrag (ett)	['updrag]
secreto (adj)	hemlig	['hɛmlig]
batalha (f)	batalj (en)	[ba'talʲ]
batalha (f)	slag (ett)	['slʲag]
combate (m)	kamp (en)	['kamp]
ataque (m)	angrepp (ett)	['anˌgrɛp]
assalto (m)	stormning (en)	['stɔrmniŋ]
assaltar (vt)	att storma	[at 'stɔrma]
assédio, sítio (m)	belägring (en)	[be'lʲɛgriŋ]
ofensiva (f)	offensiv (en)	['ɔfɛnˌsiːv]
tomar à ofensiva	att angripa	[at 'anˌgripa]
retirada (f)	reträtt (en)	[rɛ'træt]
retirar-se (vr)	att retirera	[at reti'rera]
cerco (m)	omringning (en)	['ɔmˌriŋniŋ]
cercar (vt)	att omringa	[at 'ɔmˌriŋa]
bombardeio (m)	bombning (en)	['bɔmbniŋ]
lançar uma bomba	att släppa en bomb	[at 'slʲepa en bɔmb]
bombardear (vt)	att bombardera	[at bɔmba'dera]
explosão (f)	explosion (en)	[ɛksplʲo'ʃʉn]
tiro (m)	skott (ett)	['skɔt]
dar um tiro	att skjuta	[at 'ʃʉːta]
tiroteio (m)	skjutande (ett)	['ʃʉːtandə]
apontar para …	att sikta på …	[at 'sikta pɔ …]
apontar (vt)	att rikta	[at 'rikta]

acertar (vt)	att träffa	[at 'trɛfa]
afundar (~ um navio, etc.)	att sänka	[at 'sɛŋka]
brecha (f)	hål (ett)	['hoːlʲ]
afundar-se (vr)	att sjunka	[at 'ɧuŋka]

frente (m)	front (en)	['frɔnt]
evacuação (f)	evakuering (en)	[ɛvakɯ'eːriŋ]
evacuar (vt)	att evakuera	[at ɛvakɯ'eːra]

trincheira (f)	skyttegrav (en)	['ɧʏtəˌgrav]
arame (m) enfarpado	taggtråd (en)	['tagˌtroːd]
barreira (f) anti-tanque	avspärning (en)	['avˌspɛrniŋ]
torre (f) de vigia	vakttorn (ett)	['vaktˌtɯːɳ]

hospital (m) militar	militärsjukhus (ett)	[miliˈtæːrsˌhɯs]
ferir (vt)	att såra	[at 'soːra]
ferida (f)	sår (ett)	['soːr]
ferido (m)	sårad (en)	['soːrad]
ficar ferido	att bli sårad	[at bli 'soːrad]
grave (ferida ~)	allvarlig	[alʲ'vaːlʲig]

113. Guerra. Ações militares. Parte 2

cativeiro (m)	fångenskap (en)	['fɔŋənˌskap]
capturar (vt)	att tillfångata	[at tilʲ'fɔŋata]
estar em cativeiro	att vara i fångenskap	[at 'vara i 'fɔŋənˌskap]
ser aprisionado	att bli tagen till fånga	[at bli 'tagən tilʲ 'fɔŋa]

campo (m) de concentração	koncentrationsläger (ett)	[kɔnsentra'ɧɯnsˌlʲeːgər]
prisioneiro (m) de guerra	fånge (en)	['fɔŋə]
escapar (vi)	att fly	[at flʲy]

trair (vt)	att förråda	[at fœː'roːda]
traidor (m)	förrädare (en)	[fœː'rɛːdarə]
traição (f)	förräderi (ett)	[fœːrɛːde'riː]

fuzilar, executar (vt)	att arkebusera	[at 'arkebɯˌsera]
fuzilamento (m)	arkebusering (en)	['arkebɯˌseriŋ]

equipamento (m)	mundering (en)	[mun'deriŋ]
insígnia (f) de ombro	axelklaff (en)	['aksɛlʲˌklʲaf]
máscara (f) de gás	gasmask (en)	['gasˌmask]

rádio (m)	fältradio (en)	['fɛltˌradiʊ]
cifra (f), código (m)	chiffer (ett)	['ɧifər]
conspiração (f)	sekretess (en)	[sɛkre'tɛs]
senha (f)	lösenord (ett)	['lʲøːsənˌʊːd]

mina (f)	mina (en)	['mina]
minar (vt)	att minera	[at mi'nera]
campo (m) minado	minfält (ett)	['minˌfɛlʲt]

alarme (m) aéreo	flyglarm (ett)	['flygˌlʲarm]
alarme (m)	alarm (ett)	[a'lʲarm]

sinal (m)	signal (en)	[sig'nalʲ]
sinalizador (m)	signalraket (en)	[sig'nalʲˌraket]

quartel-general (m)	stab (en)	['stab]
reconhecimento (m)	spaning (en)	['spaniŋ]
situação (f)	situation (en)	[sitʉa'ɧʊn]
relatório (m)	rapport (en)	[ra'pɔːt]
emboscada (f)	bakhåll (ett)	['bakˌhoːlʲ]
reforço (m)	förstärkning (en)	[fœ:'ʂtæːkniŋ]

alvo (m)	mål (ett)	['moːlʲ]
campo (m) de tiro	skjutbana (en)	['ɧʉːtˌbana]
manobras (f pl)	manövrar (pl)	[ma'nœvrar]

pânico (m)	panik (en)	[pa'nik]
devastação (f)	ödeläggelse (en)	['øːdəˌlʲɛgəlʲsə]
ruínas (f pl)	ruiner (pl)	[rʉ'iːnər]
destruir (vt)	att ödelägga	[at 'øːdəˌlʲɛga]

sobreviver (vi)	att överleva	[at 'øːvəˌlʲeva]
desarmar (vt)	att avväpna	[at 'avˌvɛpna]
manusear (vt)	att hantera	[at han'tera]

Sentido!	Givakt!	[ji'vakt]
Descansar!	Lystring - STÄLL! Manöver!	['lʲystriŋ - stɛlʲ], [ma'nøvər]

façanha (f)	bedrift (en)	[be'drift]
juramento (m)	ed (en)	['ɛd]
jurar (vi)	att svära	[at 'svæːra]

condecoração (f)	belöning (en)	[be'lʲøːniŋ]
condecorar (vt)	att belöna	[at be'lʲøːna]
medalha (f)	medalj (en)	[me'dalj]
ordem (f)	orden (en)	['ɔːdən]

vitória (f)	seger (en)	['segər]
derrota (f)	nederlag (ett)	['nedəːˌlʲag]
armistício (m)	vapenvila (en)	['vapənˌvilʲa]

bandeira (f)	fana (en)	['fana]
glória (f)	berömmelse (en)	[be'rœməlʲsə]
parada (f)	parad (en)	[pa'rad]
marchar (vi)	att marschera	[at mar'ʃera]

114. Armas

arma (f)	vapen (ett)	['vapən]
arma (f) de fogo	skjutvapen (ett)	['ɧʉːtˌvapən]
arma (f) branca	blank vapen (ett)	['blʲaŋk 'vapən]

arma (f) química	kemiskt vapen (ett)	['ҫemiskt 'vapən]
nuclear (adj)	kärn-	['ҫæːɳ-]
arma (f) nuclear	kärnvapen (ett)	['ҫæːɳˌvapən]
bomba (f)	bomb (en)	['bɔmb]

bomba (f) atômica	atombomb (en)	[a'tɔm₎bɔmb]
pistola (f)	pistol (en)	[pi'stʊlʲ]
rifle (m)	gevär (ett)	[je've:r]
semi-automática (f)	maskinpistol (en)	[ma'ɧi:n pi'stʊlʲ]
metralhadora (f)	maskingevär (ett)	[ma'ɧi:n je've:r]

boca (f)	mynning (en)	['mʏniŋ]
cano (m)	lopp (ett)	['lʲɔp]
calibre (m)	kaliber (en)	[ka'libər]

gatilho (m)	avtryckare (en)	['av₎trʏkarə]
mira (f)	sikte (ett)	['siktə]
carregador (m)	magasin (ett)	[maga'sin]
coronha (f)	kolv (en)	['kɔlʲv]

| granada (f) de mão | handgranat (en) | ['hand gra₎nat] |
| explosivo (m) | sprängämne (ett) | ['sprɛŋ₎ɛmnə] |

bala (f)	kula (en)	['kʉ:lʲa]
cartucho (m)	patron (en)	[pa'trʊn]
carga (f)	laddning (en)	['lʲadniŋ]
munições (f pl)	ammunition (en)	[amʉni'ɧʊn]

bombardeiro (m)	bombplan (ett)	['bɔmb₎plʲan]
avião (m) de caça	jaktplan (ett)	['jakt₎plʲan]
helicóptero (m)	helikopter (en)	[heli'kɔptər]

canhão (m) antiaéreo	luftvärnskanon (en)	['lʉftvæ:ɳs ka'nʊn]
tanque (m)	stridsvagn (en)	['strids₎vagn]
canhão (de um tanque)	kanon (en)	[ka'nʊn]

artilharia (f)	artilleri (ett)	[a:ʈilʲe'ri:]
canhão (m)	kanon (en)	[ka'nʊn]
fazer a pontaria	att rikta in	[at 'rikta in]

projétil (m)	projektil (en)	[prʊŋek'tilʲ]
granada (f) de morteiro	granat (en)	[gra'nat]
morteiro (m)	granatkastare (en)	[gra'nat₎kastarə]
estilhaço (m)	splitter (ett)	['splitər]

submarino (m)	ubåt (en)	[ʉ:'bo:t]
torpedo (m)	torped (en)	[tɔr'ped]
míssil (m)	robot, missil (en)	['rɔbɔt], [mi'silʲ]

carregar (uma arma)	att ladda	[at 'lʲada]
disparar, atirar (vi)	att skjuta	[at 'ɧʉ:ta]
apontar para ...	att sikta på ...	[at 'sikta pɔ ...]
baioneta (f)	bajonett (en)	[bajʊ'nɛt]

espada (f)	värja (en)	['væ:rja]
sabre (m)	sabel (en)	['sabəlʲ]
lança (f)	spjut (ett)	['spjʉ:t]
arco (m)	båge (en)	['bo:gə]
flecha (f)	pil (en)	['pilʲ]
mosquete (m)	musköt (en)	[mu'skø:t]
besta (f)	armborst (ett)	['arm₎bo:ʂt]

115. Povos da antiguidade

primitivo (adj)	ur-	['ʉr-]
pré-histórico (adj)	förhistorisk	['førhiˌstʊrisk]
antigo (adj)	forntida, antikens	['fʊːn̩ˌtida], [an'tikəns]
Idade (f) da Pedra	Stenåldern	['stenˌɔːlʲdɛːn̩]
Idade (f) do Bronze	bronsålder (en)	['brɔnsˌoːlʲdər]
Era (f) do Gelo	istid (en)	['isˌtid]
tribo (f)	stam (en)	['stam]
canibal (m)	kannibal (en)	[kani'balʲ]
caçador (m)	jägare (en)	['jɛːgarə]
caçar (vi)	att jaga	[at 'jaga]
mamute (m)	mammut (en)	[ma'mut]
caverna (f)	grotta (en)	['grɔta]
fogo (m)	eld (en)	['ɛlʲd]
fogueira (f)	bål (ett)	['boːlʲ]
pintura (f) rupestre	hällristning (en)	['hɛlʲˌristniŋ]
ferramenta (f)	redskap (ett)	['rɛdˌskap]
lança (f)	spjut (ett)	['spjʉːt]
machado (m) de pedra	stenyxa (en)	['stenˌyksa]
guerrear (vt)	att vara i krig	[at 'vara i ˌkrig]
domesticar (vt)	att tämja	[at 'tɛmja]
ídolo (m)	idol (en)	[i'dɔlʲ]
adorar, venerar (vt)	att dyrka	[at 'dyrka]
superstição (f)	vidskepelse (en)	['vidˌhɛpəlʲsə]
ritual (m)	ritual (en)	[ritu'alʲ]
evolução (f)	evolution (en)	[ɛvolʉ'ɧʊn]
desenvolvimento (m)	utveckling (en)	['ʉtˌvɛkliŋ]
extinção (f)	försvinnande (ett)	[fœː'ʂvinandə]
adaptar-se (vr)	att anpassa sig	[at 'anˌpasa sɛj]
arqueologia (f)	arkeologi (en)	[ˌarkeʊlʲɔ'giː]
arqueólogo (m)	arkeolog (en)	[ˌarkeʊ'lʲɔg]
arqueológico (adj)	arkeologisk	[ˌarkeʊ'lʲɔgisk]
escavação (sítio)	utgrävningsplats (en)	['ʉtˌgrɛvniŋs 'plʲats]
escavações (f pl)	utgrävningar (pl)	['ʉtˌgrɛvniŋar]
achado (m)	fynd (ett)	['fynd]
fragmento (m)	fragment (ett)	[frag'mɛnt]

116. Idade média

povo (m)	folk (ett)	['fɔlʲk]
povos (m pl)	folk (pl)	['fɔlʲk]
tribo (f)	stam (en)	['stam]
tribos (f pl)	stammar (pl)	['stamar]
bárbaros (pl)	barbarer (pl)	[bar'barər]

galeses (pl)	galler (pl)	['galʲer]
godos (pl)	goter (pl)	['gʊtər]
eslavos (pl)	slavar (pl)	['slʲavar]
viquingues (pl)	vikingar (pl)	['vikiŋar]

| romanos (pl) | romare (pl) | ['rʊmarə] |
| romano (adj) | romersk | ['rʊmɛşk] |

bizantinos (pl)	bysantiner (pl)	[bysan'tinər]
Bizâncio	Bysans	['bysans]
bizantino (adj)	bysantinsk	[bysan'tinsk]

imperador (m)	kejsare (en)	['ɕejsarə]
líder (m)	hövding (en)	['hœvdiŋ]
poderoso (adj)	mäktig, kraftfull	['mɛktig], ['kraft‚fulʲ]
rei (m)	kung (en)	['kuŋ]
governante (m)	härskare (en)	['hæːʂkarə]

cavaleiro (m)	riddare (en)	['ridarə]
senhor feudal (m)	feodalherre (en)	[feʊ'dalʲ‚hærə]
feudal (adj)	feodal-	[feʊ'dalʲ-]
vassalo (m)	vasall (en)	[va'salʲ]

duque (m)	hertig (en)	['hɛːʈig]
conde (m)	greve (en)	['grevə]
barão (m)	baron (en)	[ba'rʊn]
bispo (m)	biskop (en)	['biskɔp]

armadura (f)	rustning (en)	['rustniŋ]
escudo (m)	sköld (en)	['ɧœlʲd]
espada (f)	svärd (ett)	['svæːd]
viseira (f)	visir (ett)	[vi'sir]
cota (f) de malha	ringbrynja (en)	['riŋ‚brʏnja]

| cruzada (f) | korståg (ett) | ['kɔːʂ‚toːg] |
| cruzado (m) | korsfarare (en) | ['kɔːʂ‚fararə] |

território (m)	territorium (ett)	[tɛri'tʊrium]
atacar (vt)	att angripa	[at 'an‚gripa]
conquistar (vt)	att erövra	[at ɛ'rœvra]
ocupar, invadir (vt)	att ockupera	[at ɔkɵp'era]

assédio, sítio (m)	belägring (en)	[be'lʲɛgriŋ]
sitiado (adj)	belägrad	[be'lʲɛgrad]
assediar, sitiar (vt)	att belägra	[at be'lʲɛgra]

inquisição (f)	inkvisition (en)	[iŋkvisi'ɧʊn]
inquisidor (m)	inkvisitor (en)	[iŋkvi'sitʊr]
tortura (f)	tortyr (en)	[tɔ:'ʈyr]
cruel (adj)	brutal	[brɵ'talʲ]
herege (m)	kättare (en)	['ɕætarə]
heresia (f)	kätteri (ett)	[ɕæte'ri:]

navegação (f) marítima	sjöfart (en)	['ɧøː‚faːʈ]
pirata (m)	pirat, sjörövare (en)	[pi'rat], ['ɧøː‚rø:varə]
pirataria (f)	sjöröveri (ett)	['ɧøː‚rø:ve'ri:]

abordagem (f)	äntring (en)	['ɛntriŋ]
presa (f), butim (m)	byte (ett)	['bytə]
tesouros (m pl)	skatter (pl)	['skatər]

descobrimento (m)	upptäckt (en)	['up͵tɛkt]
descobrir (novas terras)	att upptäcka	[at 'up͵tɛka]
expedição (f)	expedition (en)	[ɛkspedi'ʃʊn]

mosqueteiro (m)	musketör (en)	[muskə'tø:r]
cardeal (m)	kardinal (en)	[ka:ɖi'nalʲ]
heráldica (f)	heraldik (en)	[heralʲ'dik]
heráldico (adj)	heraldisk	[he'ralʲdisk]

117. Líder. Chefe. Autoridades

rei (m)	kung (en)	['kuŋ]
rainha (f)	drottning (en)	['drɔtniŋ]
real (adj)	kunglig	['kuŋlig]
reino (m)	kungarike (ett)	['kuŋa͵rikə]

príncipe (m)	prins (en)	['prins]
princesa (f)	prinsessa (en)	[prin'sɛsa]

presidente (m)	president (en)	[prɛsi'dɛnt]
vice-presidente (m)	vicepresident (en)	['visə͵prɛsi'dɛnt]
senador (m)	senator (en)	[se'natʊr]

monarca (m)	monark (en)	[mʊ'nark]
governante (m)	härskare (en)	['hæ:ʂkarə]
ditador (m)	diktator (en)	[dik'tatʊr]
tirano (m)	tyrann (en)	[ty'ran]
magnata (m)	magnat (en)	[mag'nat]

diretor (m)	direktör (en)	[dirɛk'tø:r]
chefe (m)	chef (en)	['ʃef]
gerente (m)	föreståndare (en)	[førə'stɔndarə]
patrão (m)	boss (en)	['bɔs]
dono (m)	ägare (en)	['ɛ:garə]

líder (m)	ledare (en)	['lʲedarə]
chefe (m)	ledare (en)	['lʲedarə]
autoridades (f pl)	myndigheter (pl)	['mʏndi͵hetər]
superiores (m pl)	överordnade (pl)	['ø:vər͵ɔ:ɖnadə]

governador (m)	guvernör (en)	[gʉvɛ:'ŋø:r]
cônsul (m)	konsul (en)	['kɔnsulʲ]
diplomata (m)	diplomat (en)	[diplʲɔ'mat]
Presidente (m) da Câmara	borgmästare (en)	['bɔrj͵mɛstarə]
xerife (m)	sheriff (en)	[ʃe'rif]

imperador (m)	kejsare (en)	['ɕejsarə]
czar (m)	tsar (en)	['tsar]
faraó (m)	farao (en)	['faraʊ]
cã, khan (m)	kan (en)	['kan]

118. Violação da lei. Criminosos. Parte 1

bandido (m)	bandit (en)	[ban'dit]
crime (m)	brott (ett)	['brɔt]
criminoso (m)	förbrytare (en)	[før'brytarə]

ladrão (m)	tjuv (en)	['ɕʉːv]
roubar (vt)	att stjäla	[at 'ɧɛ:lʲa]
roubo (atividade)	tjuveri (ett)	[ɕʉve'riː]
furto (m)	stöld (en)	['stœlʲd]

raptar, sequestrar (vt)	att kidnappa	[at 'kid̩napa]
sequestro (m)	kidnapping (en)	['kid̩napiŋ]
sequestrador (m)	kidnappare (en)	['kid̩naparə]

resgate (m)	lösesumma (en)	['lʲøːsə̩suma]
pedir resgate	att kräva lösesumma	[at 'krɛːva 'lʲøːsə̩suma]

roubar (vt)	att råna	[at 'roːna]
assalto, roubo (m)	rån (ett)	['roːn]
assaltante (m)	rånare (en)	['roːnarə]

extorquir (vt)	att pressa ut	[at 'prɛsa ʉt]
extorsionário (m)	utpressare (en)	['ʉt̩prɛsarə]
extorsão (f)	utpressning (en)	['ʉt̩prɛsniŋ]

matar, assassinar (vt)	att mörda	[at 'møːd̩a]
homicídio (m)	mord (ett)	['mʊːd̩]
homicida, assassino (m)	mördare (en)	['møːd̩arə]

tiro (m)	skott (ett)	['skɔt]
dar um tiro	att skjuta	[at 'ɧʉːta]
matar a tiro	att skjuta ner	[at 'ɧʉːta ner]
disparar, atirar (vi)	att skjuta	[at 'ɧʉːta]
tiroteio (m)	skjutande (ett)	['ɧʉːtandə]

incidente (m)	händelse (en)	['hɛndəlʲsə]
briga (~ de rua)	slagsmål (ett)	['slʲaks̩moːlʲ]
Socorro!	Hjälp!	['jɛlʲp]
vítima (f)	offer (ett)	['ɔfər]

danificar (vt)	att skada	[at 'skada]
dano (m)	skada (en)	['skada]
cadáver (m)	lik (ett)	['lik]
grave (adj)	allvarligt	[alʲ'vaːlʲit]

atacar (vt)	att anfalla	[at 'anfalʲa]
bater (espancar)	att slå	[at 'slʲoː]
espancar (vt)	att prygla	[at 'pryglʲa]
tirar, roubar (dinheiro)	att beröva	[at be'røːva]
esfaquear (vt)	att skära ihjäl	[at 'ɧæːra i'jɛlʲ]
mutilar (vt)	att lemlästa	[at 'lem̩lɛsta]
ferir (vt)	att såra	[at 'soːra]
chantagem (f)	utpressning (en)	['ʉt̩prɛsniŋ]
chantagear (vt)	att utpressa	[at 'ʉt̩prɛsa]

chantagista (m)	utpressare (en)	['ʉt‚prɛsarə]
extorsão (f)	utpressning (en)	['ʉt‚prɛsniŋ]
extorsionário (m)	utpressare (en)	['ʉt‚prɛsarə]
gângster (m)	gangster (en)	['gaŋstər]
máfia (f)	maffia (en)	['mafia]

punguista (m)	ficktjuv (en)	['fik‚ɕʉ:v]
assaltante, ladrão (m)	inbrottstjuv (en)	['inbrɔts‚ɕʉ:v]
contrabando (m)	smuggling (en)	['smugliŋ]
contrabandista (m)	smugglare (en)	['smuglʲarə]

falsificação (f)	förfalskning (en)	[før'falʲskniŋ]
falsificar (vt)	att förfalska	[at før'falʲska]
falsificado (adj)	falsk	['falʲsk]

119. Violação da lei. Criminosos. Parte 2

estupro (m)	våldtäkt (en)	['vo:lʲ‚tɛkt]
estuprar (vt)	att våldta	[at 'vo:lʲ‚ta]
estuprador (m)	våldtäktsman (en)	['vo:lʲtɛkts‚man]
maníaco (m)	maniker (en)	['manikər]

prostituta (f)	prostituerad (en)	[prɔstitʉ'ɛrad]
prostituição (f)	prostitution (en)	[prɔstitʉ'ɧʊn]
cafetão (m)	hallik (en)	['halik]

| drogado (m) | narkoman (en) | [narkʊ'man] |
| traficante (m) | droglangare (en) | ['drʊg‚lʲaŋarə] |

explodir (vt)	att spränga	[at 'sprɛŋa]
explosão (f)	explosion (en)	[ɛksplʲo'ɧʊn]
incendiar (vt)	att sätta eld	[at 'sæta ‚ɛlʲd]
incendiário (m)	mordbrännare (en)	['mʊ:d‚brɛnarə]

terrorismo (m)	terrorism (en)	[tɛrʊ'rism]
terrorista (m)	terrorist (en)	[tɛrʊ'rist]
refém (m)	gisslan (en)	['jislʲan]

enganar (vt)	att bedra	[at be'dra]
engano (m)	bedrägeri (en)	[bedrɛ:ge'ri:]
vigarista (m)	bedragare (en)	[be'dragarə]

subornar (vt)	att muta, att besticka	[at 'mʉ:ta], [at be'stika]
suborno (atividade)	muta (en)	['mʉ:ta]
suborno (dinheiro)	muta (en)	['mʉ:ta]

veneno (m)	gift (en)	['jift]
envenenar (vt)	att förgifta	[at før'jifta]
envenenar-se (vr)	att förgifta sig själv	[at før'jifta sɛj ɧɛlʲv]

suicídio (m)	självmord (ett)	['ɧɛlʲv‚mʉ:d]
suicida (m)	självmördare (en)	['ɧɛlʲv‚mø:darə]
ameaçar (vt)	att hota	[at 'hʊta]
ameaça (f)	hot (ett)	['hʊt]

atentar contra a vida de ...	att begå mordförsök	[at be'go 'mʊ:ɖfœ:ˌʂø:k]
atentado (m)	mordförsök (ett)	['mʊ:ɖfœ:ˌʂø:k]

roubar (um carro)	att stjäla	[at 'ɧɛ:lʲa]
sequestrar (um avião)	att kapa	[at 'kapa]

vingança (f)	hämnd (en)	['hɛmnd]
vingar (vt)	att hämnas	[at 'hɛmnas]

torturar (vt)	att tortera	[at tɔ:'ʈera]
tortura (f)	tortyr (en)	[tɔ:'ʈyr]
atormentar (vt)	att plåga	[at 'plʲo:ga]

pirata (m)	pirat, sjörövare (en)	[pi'rat], ['ɧø:ˌrø:varə]
desordeiro (m)	buse (en)	['bʉ:sə]
armado (adj)	beväpnad	[be'vɛpnad]
violência (f)	våld (ett)	['vo:lʲd]
ilegal (adj)	illegal	['ilʲe,galʲ]

espionagem (f)	spioneri (ett)	[spiʊne'ri:]
espionar (vi)	att spionera	[at spiʊ'nera]

120. Polícia. Lei. Parte 1

justiça (sistema de ~)	rättvisa (en)	['rætˌvisa]
tribunal (m)	rättssal (en)	['rætˌsalʲ]

juiz (m)	domare (en)	['dʊmarə]
jurados (m pl)	jurymedlemmer (pl)	['jʉriˌmedle'mər]
tribunal (m) do júri	juryrättegång (en)	['jʉriˌræte'goŋ]
julgar (vt)	att döma	[at 'dø:ma]

advogado (m)	advokat (en)	[advʊ'kat]
réu (m)	anklagad (en)	['aŋˌklʲagad]
banco (m) dos réus	anklagades bänk (en)	['aŋˌklʲagadəs ˌbɛŋk]

acusação (f)	anklagelse (en)	['aŋˌklʲagəlʲsə]
acusado (m)	den anklagade	[dɛn 'aŋˌklʲagadə]

sentença (f)	dom (en)	['dɔm]
sentenciar (vt)	att döma	[at 'dø:ma]

culpado (m)	skyldig (en)	['ɧylʲdig]
punir (vt)	att straffa	[at 'strafa]
punição (f)	straff (ett)	['straf]

multa (f)	bot (en)	['bʊt]
prisão (f) perpétua	livstids fängelse (ett)	['livstids 'fɛŋəlʲsə]
pena (f) de morte	dödsstraff (ett)	['dø:dˌstraf]
cadeira (f) elétrica	elektrisk stol (en)	[ɛ'lʲektrisk ˌstʊlʲ]
forca (f)	galge (en)	['galjə]

executar (vt)	att avrätta	[at 'avˌræta]
execução (f)	avrättning (en)	['avˌrætniŋ]

| prisão (f) | fängelse (ett) | ['fɛŋəlʲsə] |
| cela (f) de prisão | cell (en) | ['sɛlʲ] |

escolta (f)	eskort (en)	[ɛs'kɔ:t]
guarda (m) prisional	fångvaktare (en)	['fɔŋˌvaktarə]
preso, prisioneiro (m)	fånge (en)	['fɔŋə]

| algemas (f pl) | handbojor (pl) | ['handˌbɔjʊr] |
| algemar (vt) | att sätta handbojor | [at 'sæta 'handˌbɔjʊr] |

fuga, evasão (f)	flukt (en)	['flʉkt]
fugir (vi)	att rymma	[at 'rʏma]
desaparecer (vi)	att försvinna	[at fœ:'ʂvina]
soltar, libertar (vt)	att frige	[at 'frije]
anistia (f)	amnesti (en)	[amnɛs'ti:]

polícia (instituição)	polis (en)	[pʊ'lis]
polícia (m)	polis (en)	[pʊ'lis]
delegacia (f) de polícia	polisstation (en)	[pʊ'lisˌsta'ɧʊn]
cassetete (m)	gummibatong (en)	['gumibaˌtʊŋ]
megafone (m)	megafon (en)	[mega'fɔn]

carro (m) de patrulha	patrullbil (en)	[pat'rulʲˌbil]
sirene (f)	siren (en)	[si'ren]
ligar a sirene	att slå på sirenen	[at slʲo: pɔ si'renən]
toque (m) da sirene	siren tjut (ett)	[si'ren ˌɕʉ:t]

cena (f) do crime	brottsplats (en)	['brɔts plʲats]
testemunha (f)	vittne (ett)	['vitnə]
liberdade (f)	frihet (en)	['friˌhet]
cúmplice (m)	medskyldig (en)	['mɛdˌɧylʲdig]
escapar (vi)	att fly	[at flʲy]
traço (não deixar ~s)	spår (ett)	['spo:r]

121. Polícia. Lei. Parte 2

procura (f)	undersökning (en)	['undəˌsœkniŋ]
procurar (vt)	att söka efter ...	[at 'sø:ka ˌɛftər ...]
suspeita (f)	misstanke (en)	['misˌtaŋkə]
suspeito (adj)	misstänksam	['mistɛŋksam]
parar (veículo, etc.)	att stanna	[at 'stana]
deter (fazer parar)	att anhålla	[at 'anˌho:lʲa]

caso (~ criminal)	sak, rättegång (en)	[sak], ['rætəˌgɔŋ]
investigação (f)	undersökning (en)	['undəˌsœkniŋ]
detetive (m)	detektiv (en)	[detɛk'tiv]
investigador (m)	undersökare (en)	['undəˌsø:karə]
versão (f)	version (en)	[vɛr'ɧʊn]

motivo (m)	motiv (ett)	[mʊ'tiv]
interrogatório (m)	förhör (ett)	[før'hø:r]
interrogar (vt)	att förhöra	[at før'hø:ra]
questionar (vt)	att avhöra	[at 'avˌhø:ra]
verificação (f)	kontroll (en)	[kɔn'trolʲ]

batida (f) policial	razzia (en)	['ratsia]
busca (f)	rannsakan (en)	['ran͵sakan]
perseguição (f)	jakt (en)	['jakt]
perseguir (vt)	att förfölja	[at før'følja]
seguir, rastrear (vt)	att spåra	[at 'spo:ra]

prisão (f)	arrest (en)	[a'rɛst]
prender (vt)	att arrestera	[at arɛ'stera]
pegar, capturar (vt)	att fånga	[at 'fɔŋa]
captura (f)	gripande (en)	['gripandə]

documento (m)	dokument (ett)	[dɔku'mɛnt]
prova (f)	bevis (ett)	[be'vis]
provar (vt)	att bevisa	[at be'visa]
pegada (f)	fotspår (ett)	['fʊt͵spo:r]
impressões (f pl) digitais	fingeravtryck (pl)	['fiŋer͵avtrʏk]
prova (f)	bevis (ett)	[be'vis]

álibi (m)	alibi (ett)	['alibi]
inocente (adj)	oskyldig	[ʊ:'ʃylˡdig]
injustiça (f)	orättfärdighet (en)	['ʊræt͵fæ:ɖihet]
injusto (adj)	orättfärdig	['ʊræt͵fæ:ɖig]

criminal (adj)	kriminell	[krimi'nɛlˡ]
confiscar (vt)	att konfiskera	[at kɔnfi'skera]
droga (f)	drog, narkotika (en)	['drʊg], [nar'kotika]
arma (f)	vapen (ett)	['vapən]
desarmar (vt)	att avväpna	[at 'av͵vɛpna]
ordenar (vt)	att befalla	[at be'falˡa]
desaparecer (vi)	att försvinna	[at fœ:'şvina]

lei (f)	lag (en)	['lˡag]
legal (adj)	laglig	['lˡaglig]
ilegal (adj)	olovlig	[ʊ:'lˡovlig]

| responsabilidade (f) | ansvar (ett) | ['an͵svar] |
| responsável (adj) | ansvarig | ['an͵svarig] |

NATUREZA

A Terra. Parte 1

122. Espaço sideral

espaço, cosmo (m)	rymden, kosmos (ett)	[rʏmden], ['kosmɔs]
espacial, cósmico (adj)	rymd-	['rʏmd-]
espaço (m) cósmico	yttre rymd (en)	['ytrə ˌrʏmd]
mundo (m)	värld (en)	['væːɖ]
universo (m)	universum (ett)	[uni'vɛːʂum]
galáxia (f)	galax (en)	[ga'lʲaks]
estrela (f)	stjärna (en)	['ɧæːŋa]
constelação (f)	stjärnbild (en)	['ɧæːn̪bilʲd]
planeta (m)	planet (en)	[plʲa'net]
satélite (m)	satellit (en)	[satɛ'liːt]
meteorito (m)	meteorit (en)	[meteʊ'rit]
cometa (m)	komet (en)	[kʊ'met]
asteroide (m)	asteroid (en)	[asterʊ'id]
órbita (f)	bana (en)	['bana]
girar (vi)	att rotera	[at rʊ'tera]
atmosfera (f)	atmosfär (en)	[atmʊ'sfæːr]
Sol (m)	Solen	['sʊlʲən]
Sistema (m) Solar	solsystem (ett)	['sʊlʲ ˌsʏ'stem]
eclipse (m) solar	solförmörkelse (en)	['sʊlʲfør'mœːrkəlʲsə]
Terra (f)	Jorden	['juːɖən]
Lua (f)	Månen	['moːnən]
Marte (m)	Mars	['maːʂ]
Vênus (f)	Venus	['veːnus]
Júpiter (m)	Jupiter	['jupitər]
Saturno (m)	Saturnus	[sa'tuːŋus]
Mercúrio (m)	Merkurius	[mɛr'kʉrius]
Urano (m)	Uranus	[ʉ'ranus]
Netuno (m)	Neptunus	[nep'tʉnus]
Plutão (m)	Pluto	['plʉtʊ]
Via Láctea (f)	Vintergatan	['vintəˌgatan]
Ursa Maior (f)	Stora bjornen	['stʊra 'bjʊːŋən]
Estrela Polar (f)	Polstjärnan	['pʊlʲˌɧæːŋan]
marciano (m)	marsian (en)	[maːʂi'an]
extraterrestre (m)	utomjording (en)	['ʉtɔmˌjuːɖisk]

| alienígena (m) | rymdväsen (ett) | ['rʏmdˌvɛsən] |
| disco (m) voador | flygande tefat (ett) | ['flʲygandə 'tefat] |

espaçonave (f)	rymdskepp (ett)	['rʏmdˌɧɛp]
estação (f) orbital	rymdstation (en)	['rʏmd sta'ɧʊn]
lançamento (m)	start (en)	['sta:ʈ]

motor (m)	motor (en)	['mʊtʊr]
bocal (m)	dysa (en)	['dysa]
combustível (m)	bränsle (ett)	['brɛnslʲe]

cabine (f)	cockpit, flygdäck (en)	['kɔkpit], ['flʏgˌdɛk]
antena (f)	antenn (en)	[an'tɛn]
vigia (f)	fönster (ett)	['fœnstər]
bateria (f) solar	solbatteri (ett)	['sʊlʲˌbatɛ'ri:]
traje (m) espacial	rymddräkt (en)	['rʏmdˌdrɛkt]

| imponderabilidade (f) | tyngdlöshet (en) | ['tʏŋdlʲøsˌhet] |
| oxigênio (m) | syre, oxygen (ett) | ['syrə], ['oksygən] |

| acoplagem (f) | dockning (en) | ['dɔkniŋ] |
| fazer uma acoplagem | att docka | [at 'dɔka] |

observatório (m)	observatorium (ett)	[ɔbsɛrva'tʊrium]
telescópio (m)	teleskop (ett)	[telʲe'skɔp]
observar (vt)	att observera	[at ɔbsɛr'vera]
explorar (vt)	att utforska	[at 'ʉtˌfɔ:ʂka]

123. A Terra

Terra (f)	Jorden	['jʊ:ɖən]
globo terrestre (Terra)	jordklot (ett)	['jʊ:ɖˌklʲʊt]
planeta (m)	planet (en)	[plʲa'net]

atmosfera (f)	atmosfär (en)	[atmʊ'sfæ:r]
geografia (f)	geografi (en)	[jeʊgra'fi:]
natureza (f)	natur (en)	[na'tʉ:r]

globo (mapa esférico)	glob (en)	['glʲʊb]
mapa (m)	karta (en)	['ka:ʈa]
atlas (m)	atlas (en)	['atlʲas]

| Europa (f) | Europa | [eu'rʊpa] |
| Ásia (f) | Asien | ['asiən] |

| África (f) | Afrika | ['afrika] |
| Austrália (f) | Australien | [au'stralʲiən] |

América (f)	Amerika	[a'merika]
América (f) do Norte	Nordamerika	['nʊ:ɖ a'merika]
América (f) do Sul	Sydamerika	['syd a'merika]

| Antártida (f) | Antarktis | [an'tarktis] |
| Ártico (m) | Arktis | ['arktis] |

124. Pontos cardeais

norte (m)	norr	['nɔr]
para norte	norrut	['nɔrʉt]
no norte	i norr	[i 'nɔr]
do norte (adj)	nordlig	['nʉːdlig]
sul (m)	söder (en)	['søːdər]
para sul	söderut	['søːdərʉt]
no sul	i söder	[i 'søːdər]
do sul (adj)	syd-, söder	['syd-], ['søːdər]
oeste, ocidente (m)	väster (en)	['vɛstər]
para oeste	västerut	['vɛstərʉt]
no oeste	i väst	[i vɛst]
ocidental (adj)	västra	['vɛstra]
leste, oriente (m)	öster (en)	['œstər]
para leste	österut	['œstərʉt]
no leste	i öst	[i 'œst]
oriental (adj)	östra	['œstra]

125. Mar. Oceano

mar (m)	hav (ett)	['hav]
oceano (m)	ocean (en)	[ʊsə'an]
golfo (m)	bukt (en)	['bukt]
estreito (m)	sund (ett)	['sund]
terra (f) firme	fastland (ett)	['fast,lʲand]
continente (m)	fastland (ett), kontinent (en)	['fast,lʲand], [kɔnti'nɛnt]
ilha (f)	ö (en)	['øː]
península (f)	halvö (en)	['halʲv,øː]
arquipélago (m)	skärgård, arkipelag (en)	['ɧæːr,goːd], [arkipe'lʲag]
baía (f)	bukt (en)	['bukt]
porto (m)	hamn (en)	['hamn]
lagoa (f)	lagun (en)	[lʲa'gʉːn]
cabo (m)	udde (en)	['udə]
atol (m)	atoll (en)	[a'tɔlʲ]
recife (m)	rev (ett)	['rev]
coral (m)	korall (en)	[kɔ'ralʲ]
recife (m) de coral	korallrev (ett)	[kɔ'ralʲ,rev]
profundo (adj)	djup	['jʉːp]
profundidade (f)	djup (ett)	['jʉːp]
abismo (m)	avgrund (en)	['av,grund]
fossa (f) oceânica	djuphavsgrav (en)	['jʉːphavs,grav]
corrente (f)	ström (en)	['strøːm]
banhar (vt)	att omge	[at 'ɔmje]
litoral (m)	kust (en)	['kust]

costa (f)	kust (en)	['kust]
maré (f) alta	flod (en)	['flʲʊd]
refluxo (m)	ebb (en)	['ɛb]
restinga (f)	sandbank (en)	['sand‚baŋk]
fundo (m)	botten (en)	['bɔtən]

onda (f)	våg (en)	['voːg]
crista (f) da onda	vågkam (en)	['voːg‚kam]
espuma (f)	skum (ett)	['skum]

tempestade (f)	storm (en)	['stɔrm]
furacão (m)	orkan (en)	[ɔr'kan]
tsunami (m)	tsunami (en)	[tsu'nami]
calmaria (f)	stiltje (en)	['stilʲtjə]
calmo (adj)	stilla	['stilʲa]

polo (m)	pol (en)	['pʊlʲ]
polar (adj)	pol-, polar-	['pʊlʲ-], [pʊ'lʲar-]

latitude (f)	latitud (en)	[lʲati'tʉːd]
longitude (f)	longitud (en)	[lʲɔŋi'tʉːd]
paralela (f)	breddgrad (en)	['brɛd‚grad]
equador (m)	ekvator (en)	[ɛ'kvatʊr]

céu (m)	himmel (en)	['himəlʲ]
horizonte (m)	horisont (en)	[hʊri'sɔnt]
ar (m)	luft (en)	['lʉft]

farol (m)	fyr (en)	['fyr]
mergulhar (vi)	att dyka	[at 'dyka]
afundar-se (vr)	att sjunka	[at 'ɧuŋka]
tesouros (m pl)	skatter (pl)	['skatər]

126. Nomes de Mares e Oceanos

Oceano (m) Atlântico	Atlanten	[at'lʲantən]
Oceano (m) Índico	Indiska oceanen	['indiska ʊsə'anən]
Oceano (m) Pacífico	Stilla havet	['stilʲa 'havɛt]
Oceano (m) Ártico	Norra ishavet	['nɔra ‚is'havɛt]

Mar (m) Negro	Svarta havet	['svaːʈa 'havɛt]
Mar (m) Vermelho	Röda havet	['røːda 'havɛt]
Mar (m) Amarelo	Gula havet	['gʉːlʲa 'havɛt]
Mar (m) Branco	Vita havet	['vita 'havɛt]

Mar (m) Cáspio	Kaspiska havet	['kaspiska 'havɛt]
Mar (m) Morto	Döda havet	['døːda 'havɛt]
Mar (m) Mediterrâneo	Medelhavet	['medəlʲ‚havɛt]

Mar (m) Egeu	Egeiska havet	[ɛ'gejska 'havɛt]
Mar (m) Adriático	Adriatiska havet	[adri'atiska 'havɛt]

Mar (m) Arábico	Arabiska havet	[a'rabiska 'havɛt]
Mar (m) do Japão	Japanska havet	[ja'panska 'havɛt]

| Mar (m) de Bering | Beringshavet | ['berings,havɛt] |
| Mar (m) da China Meridional | Sydkinesiska havet | ['sydɕi‚nesiska 'havɛt] |

Mar (m) de Coral	Korallhavet	[kɔ'ralʲ‚havɛt]
Mar (m) de Tasman	Tasmanhavet	[tas'man‚havɛt]
Mar (m) do Caribe	Karibiska havet	[ka'ribiska 'havɛt]

| Mar (m) de Barents | Barentshavet | ['barɛnts‚havɛt] |
| Mar (m) de Kara | Karahavet | ['kara‚havɛt] |

Mar (m) do Norte	Nordsjön	['nʊːd̪‚ɧøːn]
Mar (m) Báltico	Östersjön	['œstɛː‚ɧøːn]
Mar (m) da Noruega	Norska havet	['nɔːʂka 'havɛt]

127. Montanhas

montanha (f)	berg (ett)	['bɛrj]
cordilheira (f)	bergskedja (en)	['bɛrj‚ɕedja]
serra (f)	bergsrygg (en)	['bɛrjs‚rʏg]

cume (m)	topp (en)	['tɔp]
pico (m)	tinne (en)	['tinə]
pé (m)	fot (en)	['fʊt]
declive (m)	sluttning (en)	['slʉːtniŋ]

vulcão (m)	vulkan (en)	[vulʲ'kan]
vulcão (m) ativo	verksam vulkan (en)	['vɛrksam vulʲ'kan]
vulcão (m) extinto	slocknad vulkan (en)	['slʲɔknad vulʲ'kan]

erupção (f)	utbrott (ett)	['ʉt‚brɔt]
cratera (f)	krater (en)	['kratər]
magma (m)	magma (en)	['magma]
lava (f)	lava (en)	['lʲava]
fundido (lava ~a)	glödgad	['glʲœdgad]

cânion, desfiladeiro (m)	kanjon (en)	['kanjɔn]
garganta (f)	klyfta (en)	['klʲyfta]
fenda (f)	skreva (en)	['skreva]
precipício (m)	avgrund (en)	['av‚grʉnd]

passo, colo (m)	pass (ett)	['pas]
planalto (m)	platå (en)	[plʲa'toː]
falésia (f)	klippa (en)	['klipa]
colina (f)	kulle, backe (en)	['kulʲə], ['bakə]

geleira (f)	glaciär, jökel (en)	[glʲas'jæːr], ['jøːkəlʲ]
cachoeira (f)	vattenfall (ett)	['vatən‚falʲ]
gêiser (m)	gejser (en)	['gɛjsər]
lago (m)	sjö (en)	['ɧøː]

planície (f)	slätt (en)	['slʲæt]
paisagem (f)	landskap (ett)	['lʲan‚skap]
eco (m)	eko (ett)	['ɛkʊ]
alpinista (m)	alpinist (en)	['alʲpi‚nist]

escalador (m)	**bergsbestigare (en)**	['bɛrjs͵be'stigarə]
conquistar (vt)	**att erövra**	[at ɛ'rœvra]
subida, escalada (f)	**bestigning (en)**	[be'stigniŋ]

128. Nomes de montanhas

Alpes (m pl)	**Alperna**	['alʲpɛ:ŋa]
Monte Branco (m)	**Mont Blanc**	[͵mɔn'blʲaŋ]
Pirineus (m pl)	**Pyrenéerna**	[pyre'neæ:ŋa]
Cárpatos (m pl)	**Karpaterna**	[kar'patɛ:ŋa]
Urais (m pl)	**Uralbergen**	[ʉ'ralʲ͵bɛrjən]
Cáucaso (m)	**Kaukasus**	['kaukasus]
Elbrus (m)	**Elbrus**	['ɛlʲbrʉs]
Altai (m)	**Altaj**	[alʲ'taj]
Tian Shan (m)	**Tian Shan**	[ti'an ʃan]
Pamir (m)	**Pamir**	[pa'mir]
Himalaia (m)	**Himalaya**	[hi'malʲaja]
monte Everest (m)	**Everest**	[ɛve'rɛst]
Cordilheira (f) dos Andes	**Anderna**	['andɛ:ŋa]
Kilimanjaro (m)	**Kilimanjaro**	[kiliman'jarʊ]

129. Rios

rio (m)	**älv, flod (en)**	['ɛlʲv], ['flʲʉd]
fonte, nascente (f)	**källa (en)**	['ɕɛlʲa]
leito (m) de rio	**flodbädd (en)**	['flʲʉd͵bɛd]
bacia (f)	**flodbassäng (en)**	['flʲʉd͵ba'sɛŋ]
desaguar no ...	**att mynna ut ...**	[at 'mʏna ʉt ...]
afluente (m)	**biflod (en)**	['bi͵flʲʉd]
margem (do rio)	**strand (en)**	['strand]
corrente (f)	**ström (en)**	['strø:m]
rio abaixo	**nedströms**	['nɛd͵strœms]
rio acima	**motströms**	['mʊt͵strœms]
inundação (f)	**översvämning (en)**	['ø:və͵svɛmniŋ]
cheia (f)	**flöde (ett)**	['flʲø:də]
transbordar (vi)	**att flöda över**	[at 'flʲø:da ͵ø:vər]
inundar (vt)	**att översvämma**	[at 'ø:və͵svɛma]
banco (m) de areia	**grund (ett)**	['grʉnd]
corredeira (f)	**forsar (pl)**	[fo'ʂar]
barragem (f)	**damm (en)**	['dam]
canal (m)	**kanal (en)**	[ka'nalʲ]
reservatório (m) de água	**reservoar (ett)**	[rɛsɛrvʊ'a:r]
eclusa (f)	**sluss (en)**	['slʉ:s]
corpo (m) de água	**vattensamling (en)**	['vatən͵samliŋ]

pântano (m)	myr, mosse (en)	['myr], ['mʊsə]
lamaçal (m)	gungfly (ett)	['gʊŋ‚fly]
redemoinho (m)	strömvirvel (en)	['strø:m‚virvəlʲ]
riacho (m)	bäck (en)	['bɛk]
potável (adj)	dricks-	['driks-]
doce (água)	söt-, färsk-	['sø:t-], ['fæ:ʂk-]
gelo (m)	is (en)	['is]
congelar-se (vr)	att frysa till	[at 'frysa tilʲ]

130. Nomes de rios

rio Sena (m)	Seine	['sɛ:n]
rio Loire (m)	Loire	[lʲʊ'a:r]
rio Tâmisa (m)	Themsen	['tɛmsən]
rio Reno (m)	Rhen	['ren]
rio Danúbio (m)	Donau	['dɔnaʊ]
rio Volga (m)	Volga	['vɔlʲga]
rio Don (m)	Don	['dɔn]
rio Lena (m)	Lena	['lʲena]
rio Amarelo (m)	Hwang-ho	[huaŋ'hʊ]
rio Yangtzé (m)	Yangtze	['jɑŋtsə]
rio Mekong (m)	Mekong	[me'kɔŋ]
rio Ganges (m)	Ganges	['gaŋəs]
rio Nilo (m)	Nilen	['nilʲen]
rio Congo (m)	Kongo	['kɔŋgʊ]
rio Cubango (m)	Okavango	[ɔka'vangʊ]
rio Zambeze (m)	Zambezi	[sam'besi]
rio Limpopo (m)	Limpopo	[lim'pɔpɔ]
rio Mississippi (m)	Mississippi	[misi'sipi]

131. Floresta

floresta (f), bosque (m)	skog (en)	['skʊg]
florestal (adj)	skogs-	['skʊgs-]
mata (f) fechada	tät skog (en)	['tɛt ‚skʊg]
arvoredo (m)	lund (en)	['lʉnd]
clareira (f)	glänta (en)	['glʲɛnta]
matagal (m)	snår (ett)	['sno:r]
mato (m), caatinga (f)	buskterräng (en)	['busk tɛ'rɛŋ]
pequena trilha (f)	stig (en)	['stig]
ravina (f)	ravin (en)	[ra'vin]
árvore (f)	träd (ett)	['trɛ:d]
folha (f)	löv (ett)	['lʲø:v]

folhagem (f)	löv, lövverk (ett)	['lʲø:v], ['lʲø:værk]
queda (f) das folhas	lövfällning (en)	['lʲø:vˌfɛlʲniŋ]
cair (vi)	att falla	[at 'falʲa]
topo (m)	trädtopp (en)	['trɛːˌtɔp]

ramo (m)	gren, kvist (en)	['gren], ['kvist]
galho (m)	gren (en)	['gren]
botão (m)	knopp (en)	['knɔp]
agulha (f)	nål (en)	['noːlʲ]
pinha (f)	kotte (en)	['kɔtə]

buraco (m) de árvore	trädhål (ett)	['trɛːdˌhoːlʲ]
ninho (m)	bo (ett)	['bʊ]
toca (f)	lya, håla (en)	['lʲya], ['hoːlʲa]

tronco (m)	stam (en)	['stam]
raiz (f)	rot (en)	['rʊt]
casca (f) de árvore	bark (en)	['bark]
musgo (m)	mossa (en)	['mɔsa]

arrancar pela raiz	att rycka upp med rötterna	[at 'rʏka up me 'rœttɛːŋa]
cortar (vt)	att fälla	[at 'fɛlʲa]
desflorestar (vt)	att hugga ner	[at 'huga ner]
toco, cepo (m)	stubbe (en)	['stubə]

fogueira (f)	bål (ett)	['boːlʲ]
incêndio (m) florestal	skogsbrand (en)	['skʊgsˌbrand]
apagar (vt)	att släcka	[at 'slʲɛka]

guarda-parque (m)	skogsvakt (en)	['skʊgsˌvakt]
proteção (f)	värn, skydd (ett)	['væːn], [ʃyd]
proteger (a natureza)	att skydda	[at 'ʃyda]
caçador (m) furtivo	tjuvskytt (en)	['ɕʉːvˌʃyt]
armadilha (f)	sax (en)	['saks]

| colher (cogumelos, bagas) | att plocka | [at 'plʲɔka] |
| perder-se (vr) | att gå vilse | [at 'goː 'vilʲsə] |

132. Recursos naturais

recursos (m pl) naturais	naturresurser (pl)	[na'tʉːr re'surʂər]
minerais (m pl)	mineraler (pl)	[mine'ralʲər]
depósitos (m pl)	fyndigheter (pl)	['fʏndiˌhetər]
jazida (f)	fält (ett)	['fɛlʲt]

extrair (vt)	att utvinna	[at 'ʉtˌvina]
extração (f)	utvinning (en)	['ʉtˌviniŋ]
minério (m)	malm (en)	['malʲm]
mina (f)	gruva (en)	['grʉva]
poço (m) de mina	gruvschakt (ett)	['grʉːvˌʃakt]
mineiro (m)	gruvarbetare (en)	['grʉːvˌarˈbetarə]

| gás (m) | gas (en) | ['gas] |
| gasoduto (m) | gasledning (en) | ['gasˌlʲedniŋ] |

petróleo (m)	olja (en)	['ɔlja]
oleoduto (m)	oljeledning (en)	['ɔljəˌlʲedniŋ]
poço (m) de petróleo	oljekälla (en)	['ɔljəˌɕæla]
torre (f) petrolífera	borrtorn (ett)	['bɔrˌtʊːn]
petroleiro (m)	tankfartyg (ett)	['taŋkˌfaːˈtyg]
areia (f)	sand (en)	['sand]
calcário (m)	kalksten (en)	[kalʲkˌsten]
cascalho (m)	grus (ett)	['grʉːs]
turfa (f)	torv (en)	['tɔrv]
argila (f)	lera (en)	['lʲera]
carvão (m)	kol (ett)	['kɔlʲ]
ferro (m)	järn (ett)	['jæːn]
ouro (m)	guld (ett)	['gulʲd]
prata (f)	silver (ett)	['silʲvər]
níquel (m)	nickel (en)	['nikəlʲ]
cobre (m)	koppar (en)	['kopar]
zinco (m)	zink (en)	['siŋk]
manganês (m)	mangan (en)	[man'gan]
mercúrio (m)	kvicksilver (ett)	['kvikˌsilʲvər]
chumbo (m)	bly (ett)	['blʲy]
mineral (m)	mineral (ett)	[minə'ralʲ]
cristal (m)	kristall (en)	[kri'stalʲ]
mármore (m)	marmor (en)	['marmʊr]
urânio (m)	uran (ett)	[ʉ'ran]

A Terra. Parte 2

133. Tempo

tempo (m)	väder (ett)	['vɛ:dər]
previsão (f) do tempo	väderprognos (en)	['vɛ:dər,prɔg'nɔ:s]
temperatura (f)	temperatur (en)	[tɛmpəra'tʉ:r]
termômetro (m)	termometer (en)	[tɛrmʊ'metər]
barômetro (m)	barometer (en)	[barʊ'metər]
úmido (adj)	fuktig	['fu:ktig]
umidade (f)	fuktighet (en)	['fu:ktig,het]
calor (m)	hetta (en)	['hɛta]
tórrido (adj)	het	['het]
está muito calor	det är hett	[dɛ æ:r 'hɛt]
está calor	det är varmt	[dɛ æ:r varmt]
quente (morno)	varm	['varm]
está frio	det är kallt	[dɛ æ:r 'kalʲt]
frio (adj)	kall	['kalʲ]
sol (m)	sol (en)	['sʊlʲ]
brilhar (vi)	att skina	[at 'ʃina]
de sol, ensolarado	solig	['sʊlig]
nascer (vi)	att gå upp	[at 'go: 'up]
pôr-se (vr)	att gå ner	[at 'go: ,ner]
nuvem (f)	moln (ett), sky (en)	['mɔlʲn], ['ʃy]
nublado (adj)	molnig	['mɔlʲnig]
nuvem (f) preta	regnmoln (ett)	['rɛgn,mɔlʲn]
escuro, cinzento (adj)	mörk, mulen	['mœ:rk], ['mʉ:lʲen]
chuva (f)	regn (ett)	['rɛgn]
está a chover	det regnar	[dɛ 'rɛgnar]
chuvoso (adj)	regnväders-	['rɛgn,vɛdəʂ-]
chuviscar (vi)	att duggregna	[at 'dug,rɛgna]
chuva (f) torrencial	hällande regn (ett)	['hɛlʲandə 'rɛgn]
aguaceiro (m)	spöregn (ett)	['spø:,rɛgn]
forte (chuva, etc.)	kraftigt, häftigt	['kraftigt], ['hɛftigt]
poça (f)	pöl, vattenpuss (en)	['pø:lʲ], ['vatən,pus]
molhar-se (vr)	att bli våt	[at bli 'vo:t]
nevoeiro (m)	dimma (en)	['dima]
de nevoeiro	dimmig	['dimig]
neve (f)	snö (en)	['snø:]
está nevando	det snöar	[dɛ 'snø:ar]

134. Tempo extremo. Catástrofes naturais

trovoada (f)	åskväder (ett)	['ɔskˌvɛdər]
relâmpago (m)	blixt (en)	['blikst]
relampejar (vi)	att blixtra	[at 'blikstra]
trovão (m)	åska (en)	['ɔska]
trovejar (vi)	att åska	[at 'ɔska]
está trovejando	det åskar	[dɛ 'ɔskar]
granizo (m)	hagel (ett)	['hagəlʲ]
está caindo granizo	det haglar	[dɛ 'haglʲar]
inundar (vt)	att översvämma	[at 'øːvəˌsvɛma]
inundação (f)	översvämning (en)	['øːvəˌsvɛmniŋ]
terremoto (m)	jordskalv (ett)	['juːdˌskalv]
abalo, tremor (m)	skalv (ett)	['skalʲv]
epicentro (m)	epicentrum (ett)	[ɛpi'sɛntrum]
erupção (f)	utbrott (ett)	['ʉtˌbrɔt]
lava (f)	lava (en)	['lʲava]
tornado (m)	tromb (en)	['trɔmb]
tornado (m)	tornado (en)	[tʊ'ŋadʊ]
tufão (m)	tyfon (en)	[ty'fɔn]
furacão (m)	orkan (en)	[ɔr'kan]
tempestade (f)	storm (en)	['stɔrm]
tsunami (m)	tsunami (en)	[tsu'nami]
ciclone (m)	cyklon (en)	[tsʏ'klʲɔn]
mau tempo (m)	oväder (ett)	[ʊ'vɛːdər]
incêndio (m)	brand (en)	['brand]
catástrofe (f)	katastrof (en)	[kata'strɔf]
meteorito (m)	meteorit (en)	[meteʊ'rit]
avalanche (f)	lavin (en)	[lʲa'vin]
deslizamento (m) de neve	snöskred, snöras (ett)	['snøːˌskred], ['snøːˌras]
nevasca (f)	snöstorm (en)	['snøːˌstɔrm]
tempestade (f) de neve	snöstorm (en)	['snøːˌstɔrm]

Fauna

135. Mamíferos. Predadores

predador (m)	rovdjur (ett)	['rʊvˌjɵːr]
tigre (m)	tiger (en)	['tigər]
leão (m)	lejon (ett)	['lʲejon]
lobo (m)	ulv (en)	['ulʲv]
raposa (f)	räv (en)	['rɛːv]

jaguar (m)	jaguar (en)	[jaguar]
leopardo (m)	leopard (en)	[lʲeʊ'paːd]
chita (f)	gepard (en)	[je'paːd]

pantera (f)	panter (en)	['pantər]
puma (m)	puma (en)	['pʉːma]
leopardo-das-neves (m)	snöleopard (en)	['snø: lʲeʊ'paːd]
lince (m)	lodjur (ett), lo (en)	['lʲuˌjɵːr], ['lʲʊ]

coiote (m)	koyot, prärievarg (en)	[kɔ'jʊt], ['præːrieˌvarj]
chacal (m)	sjakal (en)	[ɧa'kalʲ]
hiena (f)	hyena (en)	[hy'ena]

136. Animais selvagens

animal (m)	djur (ett)	['jɵːr]
besta (f)	best (en), djur (ett)	['bɛst], ['jɵːr]

esquilo (m)	ekorre (en)	['ɛkɔrə]
ouriço (m)	igelkott (en)	['igəlʲˌkɔt]
lebre (f)	hare (en)	['harə]
coelho (m)	kanin (en)	[ka'nin]

texugo (m)	grävling (en)	['grɛvliŋ]
guaxinim (m)	tvättbjörn (en)	['tvætˌbjøːn]
hamster (m)	hamster (en)	['hamstər]
marmota (f)	murmeldjur (ett)	['murməlʲˌjɵːr]

toupeira (f)	mullvad (en)	['mulʲˌvad]
rato (m)	mus (en)	['mʉːs]
ratazana (f)	råtta (en)	['rɔta]
morcego (m)	fladdermus (en)	['flʲadərˌmʉːs]

arminho (m)	hermelin (en)	[hɛrme'lin]
zibelina (f)	sobel (en)	['sɔbəlʲ]
marta (f)	mård (en)	['moːd]
doninha (f)	vessla (en)	['vɛslʲa]
visom (m)	mink (en)	['miŋk]

castor (m)	bäver (en)	['bɛ:vər]
lontra (f)	utter (en)	['ʉ:tər]
cavalo (m)	häst (en)	['hɛst]
alce (m)	älg (en)	['ɛlj]
veado (m)	hjort (en)	['jʊ:t]
camelo (m)	kamel (en)	[ka'melʲ]
bisão (m)	bison (en)	['bisɔn]
auroque (m)	uroxe (en)	['ʉˌroksə]
búfalo (m)	buffel (en)	['bufəlʲ]
zebra (f)	sebra (en)	['sebra]
antílope (m)	antilop (en)	[anti'lʲʊp]
corça (f)	rådjur (ett)	['rɔːjʉːr]
gamo (m)	dovhjort (en)	['dɔvˌjʊːt]
camurça (f)	gems (en)	['jɛms]
javali (m)	vildsvin (ett)	['vilʲdˌsvin]
baleia (f)	val (en)	['valʲ]
foca (f)	säl (en)	['sɛ:lʲ]
morsa (f)	valross (en)	['valʲˌrɔs]
urso-marinho (m)	pälssäl (en)	['pɛlʲsˌsɛlʲ]
golfinho (m)	delfin (en)	[dɛlʲ'fin]
urso (m)	björn (en)	['bjø:ŋ]
urso (m) polar	isbjörn (en)	['isˌbjø:ŋ]
panda (m)	panda (en)	['panda]
macaco (m)	apa (en)	['apa]
chimpanzé (m)	schimpans (en)	[ɧim'pans]
orangotango (m)	orangutang (en)	[ʊ'raŋgʊˌtaŋ]
gorila (m)	gorilla (en)	[gɔ'rilʲa]
macaco (m)	makak (en)	[ma'kak]
gibão (m)	gibbon (en)	[gi'bʊn]
elefante (m)	elefant (en)	[ɛlʲe'fant]
rinoceronte (m)	noshörning (en)	['nʊsˌhø:n̪in̪]
girafa (f)	giraff (en)	[ɧi'raf]
hipopótamo (m)	flodhäst (en)	['flʲʊdˌhɛst]
canguru (m)	känguru (en)	['ɕɛngurʊ]
coala (m)	koala (en)	[kʊ'alʲa]
mangusto (m)	mangust, mungo (en)	['mangust], ['muŋgʊ]
chinchila (f)	chinchilla (en)	[ɧin'ɧilʲa]
cangambá (f)	skunk (en)	['skuŋk]
porco-espinho (m)	piggsvin (ett)	['pigˌsvin]

137. Animais domésticos

gata (f)	katt (en)	['kat]
gato (m) macho	hankatt (en)	['hanˌkat]
cão (m)	hund (en)	['hund]

cavalo (m)	häst (en)	['hɛst]
garanhão (m)	hingst (en)	['hiŋst]
égua (f)	sto (ett)	['stʊ:]

vaca (f)	ko (en)	['kɔ:]
touro (m)	tjur (en)	['ɕʉ:r]
boi (m)	oxe (en)	['ʊksə]

ovelha (f)	får (ett)	['fo:r]
carneiro (m)	bagge (en)	['bagə]
cabra (f)	get (en)	['jet]
bode (m)	getabock (en)	['jeta‚bɔk]

burro (m)	åsna (en)	['ɔsna]
mula (f)	mula (en)	['mʉlʲa]

porco (m)	svin (ett)	['svin]
leitão (m)	griskulting (en)	['gris‚kulʲtiŋ]
coelho (m)	kanin (en)	[ka'nin]

galinha (f)	höna (en)	['hø:na]
galo (m)	tupp (en)	['tup]

pata (f), pato (m)	anka (en)	['aŋka]
pato (m)	andrik, andrake (en)	['andrik], ['andrakə]
ganso (m)	gås (en)	['go:s]

peru (m)	kalkontupp (en)	[kalʲ'kʊn‚tup]
perua (f)	kalkonhöna (en)	[kalʲ'kʊn‚hø:na]

animais (m pl) domésticos	husdjur (pl)	['hʉs‚jʉ:r]
domesticado (adj)	tam	['tam]
domesticar (vt)	att tämja	[at 'tɛmja]
criar (vt)	att avla, att föda upp	[at 'avlʲa], [at 'fø:da up]

fazenda (f)	farm, lantgård (en)	[farm], ['lʲant‚go:d]
aves (f pl) domésticas	fjäderfä (ett)	['fjɛ:dər‚fɛ:]
gado (m)	boskap (en)	['bʊskap]
rebanho (m), manada (f)	hjord (en)	['jʉ:d]

estábulo (m)	stall (ett)	['stalʲ]
chiqueiro (m)	svinstia (en)	['svin‚stia]
estábulo (m)	ladugård (en), kostall (ett)	['lʲadʉ‚go:d], ['kostalʲ]
coelheira (f)	kaninbur (en)	[ka'nin‚bʉ:r]
galinheiro (m)	hönshus (ett)	['hø:ns‚hʉs]

138. Pássaros

pássaro (m), ave (f)	fågel (en)	['fo:gəlʲ]
pombo (m)	duva (en)	['dʉ:va]
pardal (m)	sparv (en)	['sparv]
chapim-real (m)	talgoxe (en)	['taljʊksə]
pega-rabuda (f)	skata (en)	['skata]
corvo (m)	korp (en)	['kɔrp]

gralha-cinzenta (f)	kråka (en)	['kro:ka]
gralha-de-nuca-cinzenta (f)	kaja (en)	['kaja]
gralha-calva (f)	råka (en)	['ro:ka]
pato (m)	anka (en)	['aŋka]
ganso (m)	gås (en)	['go:s]
faisão (m)	fasan (en)	[fa'san]
águia (f)	örn (en)	['ø:ɳ]
açor (m)	hök (en)	['hø:k]
falcão (m)	falk (en)	['falʲk]
abutre (m)	gam (en)	['gam]
condor (m)	kondor (en)	['kɔnˌdor]
cisne (m)	svan (en)	['svan]
grou (m)	trana (en)	['trana]
cegonha (f)	stork (en)	['stɔrk]
papagaio (m)	papegoja (en)	[pape'gɔja]
beija-flor (m)	kolibri (en)	['kɔlibri]
pavão (m)	påfågel (en)	['pɔːˌfoːgəlʲ]
avestruz (m)	struts (en)	['struts]
garça (f)	häger (en)	['hɛ:gər]
flamingo (m)	flamingo (en)	[flʲa'mingɔ]
pelicano (m)	pelikan (en)	[peli'kan]
rouxinol (m)	näktergal (en)	['nɛktəˌgalʲ]
andorinha (f)	svala (en)	['svalʲa]
tordo-zornal (m)	trast (en)	['trast]
tordo-músico (m)	sångtrast (en)	['sɔŋˌtrast]
melro-preto (m)	koltrast (en)	['kɔlʲˌtrast]
andorinhão (m)	tornseglare, tornsvala (en)	['tʊːɳˌseglarə], ['tʊːɳˌsvalʲa]
cotovia (f)	lärka (en)	['lʲæː rka]
codorna (f)	vaktel (en)	['vaktəlʲ]
pica-pau (m)	hackspett (en)	['hakˌspet]
cuco (m)	gök (en)	['jø:k]
coruja (f)	uggla (en)	['uglʲa]
bufo-real (m)	berguv (en)	['bɛrjˌɵ:v]
tetraz-grande (m)	tjäder (en)	['ɕɛːdər]
tetraz-lira (m)	orre (en)	['ɔrə]
perdiz-cinzenta (f)	rapphöna (en)	['rapˌhøː na]
estorninho (m)	stare (en)	['starə]
canário (m)	kanariefågel (en)	[ka'nariəˌfoːgəlʲ]
galinha-do-mato (f)	järpe (en)	['jæːrpə]
tentilhão (m)	bofink (en)	['bʊˌfiŋk]
dom-fafe (m)	domherre (en)	['dʊmhɛrə]
gaivota (f)	mås (en)	['mo:s]
albatroz (m)	albatross (en)	['alʲbaˌtrɔs]
pinguim (m)	pingvin (en)	[piɳ'vin]

139. Peixes. Animais marinhos

brema (f)	brax (en)	['braks]
carpa (f)	karp (en)	['karp]
perca (f)	ábborre (en)	['abɔrə]
siluro (m)	mal (en)	['malʲ]
lúcio (m)	gädda (en)	['jɛda]

| salmão (m) | lax (en) | ['lʲaks] |
| esturjão (m) | stör (en) | ['stø:r] |

arenque (m)	sill (en)	['silʲ]
salmão (m) do Atlântico	atlanterhavslax (en)	[at'lantərhav‚lʲaks]
cavala, sarda (f)	makrill (en)	['makrilʲ]
solha (f), linguado (m)	rödspätta (en)	['rø:d‚spæta]

lúcio perca (m)	gös (en)	['jø:s]
bacalhau (m)	torsk (en)	['tɔ:ʂk]
atum (m)	tonfisk (en)	['tʊn‚fisk]
truta (f)	öring (en)	['ø:riŋ]

enguia (f)	ål (en)	['o:lʲ]
raia (f) elétrica	elektrisk rocka (en)	[ɛ'lʲektrisk‚rɔka]
moreia (f)	muräna (en)	[mʉ'rɛna]
piranha (f)	piraya (en)	[pi'raja]

tubarão (m)	haj (en)	['haj]
golfinho (m)	delfin (en)	[dɛlʲ'fin]
baleia (f)	val (en)	['valʲ]

caranguejo (m)	krabba (en)	['kraba]
água-viva (f)	manet, medusa (en)	[ma'net], [me'dʉsa]
polvo (m)	bläckfisk (en)	['blʲɛk‚fisk]

estrela-do-mar (f)	sjöstjärna (en)	['ɧø:‚ɧæ:ɳa]
ouriço-do-mar (m)	sjöpiggsvin (ett)	['ɧø:‚pigsvin]
cavalo-marinho (m)	sjöhäst (en)	['ɧø:‚hɛst]

ostra (f)	ostron (ett)	['ʊstrʊn]
camarão (m)	räka (en)	['rɛ:ka]
lagosta (f)	hummer (en)	['humər]
lagosta (f)	languster (en)	[lʲaŋ'gustər]

140. Anfíbios. Répteis

| cobra (f) | orm (en) | ['ʊrm] |
| venenoso (adj) | giftig | ['jiftig] |

víbora (f)	huggorm (en)	['hʉg‚ʊrm]
naja (f)	kobra (en)	['kɔbra]
píton (m)	pytonorm (en)	[py'tɔn‚ʊrm]
jiboia (f)	boaorm (en)	['bʊa‚ʊrm]
cobra-de-água (f)	snok (en)	['snʊk]

cascavel (f)	skallerorm (en)	['skalʲerˌʊrm]
anaconda (f)	anaconda (en)	[anaˈkɔnda]

lagarto (m)	ödla (en)	['ødlʲa]
iguana (f)	iguana (en)	[iguˈana]
varano (m)	varan (en)	[vaˈran]
salamandra (f)	salamander (en)	[salʲaˈmandər]
camaleão (m)	kameleont (en)	[kamelʲeˈɔnt]
escorpião (m)	skorpion (en)	[skɔrpiˈʊn]

tartaruga (f)	sköldpadda (en)	['ɧœlʲdˌpada]
rã (f)	groda (en)	['grʊda]
sapo (m)	padda (en)	['pada]
crocodilo (m)	krokodil (en)	[krɔkɔˈdilʲ]

141. Insetos

inseto (m)	insekt (en)	['insɛkt]
borboleta (f)	fjäril (en)	['fʲæːrilʲ]
formiga (f)	myra (en)	['myra]
mosca (f)	fluga (en)	['flʉːga]
mosquito (m)	mygga (en)	['mʏga]
escaravelho (m)	skalbagge (en)	['skalʲˌbagə]

vespa (f)	geting (en)	['jɛtiŋ]
abelha (f)	bi (ett)	['bi]
mamangaba (f)	humla (en)	['humlʲa]
moscardo (m)	styngfluga (en)	['stʏŋˌflʉːga]

aranha (f)	spindel (en)	['spindəlʲ]
teia (f) de aranha	spindelnät (ett)	['spindəlˌnɛːt]

libélula (f)	trollslända (en)	['trɔlʲˌslʲɛnda]
gafanhoto (m)	gräshoppa (en)	['grɛsˌhɔpa]
traça (f)	nattfjäril (en)	['natˌfʲæːrilʲ]

barata (f)	kackerlacka (en)	['kakɛːˌlʲaka]
carrapato (m)	fästing (en)	['fɛstiŋ]
pulga (f)	loppa (en)	['lʲɔpa]
borrachudo (m)	knott (ett)	['knot]

gafanhoto (m)	vandringsgräshoppa (en)	['vandriŋˌgrɛsˈhɔparə]
caracol (m)	snigel (en)	['snigəlʲ]
grilo (m)	syrsa (en)	['sʏʂa]
pirilampo, vaga-lume (m)	lysmask (en)	['lʲʏsˌmask]
joaninha (f)	nyckelpiga (en)	['nʏkəlʲˌpiga]
besouro (m)	ollonborre (en)	['ɔlʲɔnˌbɔrə]

sanguessuga (f)	igel (en)	['iːgəlʲ]
lagarta (f)	fjärilslarv (en)	['fʲæːrilʲsˌlʲarv]
minhoca (f)	daggmask (en)	['dagˌmask]
larva (f)	larv (en)	['lʲarv]

Flora

142. Árvores

árvore (f)	träd (ett)	['trɛ:d]
decídua (adj)	löv-	['lʲø:v-]
conífera (adj)	barr-	['bar-]
perene (adj)	eviggrönt	['ɛviˌgrœnt]
macieira (f)	äppelträd (ett)	['ɛpelʲˌtrɛd]
pereira (f)	päronträd (ett)	['pæ:rɔnˌtrɛd]
cerejeira (f)	fågelbärsträd (ett)	['fo:gəlʲbæ:ʂˌtrɛd]
ginjeira (f)	körsbärsträd (ett)	['ɕø:ʂbæ:ʂˌtrɛd]
ameixeira (f)	plommonträd (ett)	['plʲumɔnˌtrɛd]
bétula (f)	björk (en)	['bjœrk]
carvalho (m)	ek (en)	['ɛk]
tília (f)	lind (en)	['lind]
choupo-tremedor (m)	asp (en)	['asp]
bordo (m)	lönn (en)	['lʲøn]
espruce (m)	gran (en)	['gran]
pinheiro (m)	tall (en)	['talʲ]
alerce, lariço (m)	lärk (en)	['lʲæ:rk]
abeto (m)	silvergran (en)	['silʲvərˌgran]
cedro (m)	ceder (en)	['sedər]
choupo, álamo (m)	poppel (en)	['pɔpelʲ]
tramazeira (f)	rönn (en)	['rœn]
salgueiro (m)	pil (en)	['pilʲ]
amieiro (m)	al (en)	['alʲ]
faia (f)	bok (en)	['buk]
ulmeiro, olmo (m)	alm (en)	['alʲm]
freixo (m)	ask (en)	['ask]
castanheiro (m)	kastanjeträd (ett)	[ka'stanjəˌtrɛd]
magnólia (f)	magnolia (en)	[maŋ'nulia]
palmeira (f)	palm (en)	['palʲm]
cipreste (m)	cypress (en)	[sɣ'prɛs]
mangue (m)	mangroveträd (ett)	[maŋ'rɔvəˌtrɛd]
embondeiro, baobá (m)	apbrödsträd (ett)	['apbrødsˌtrɛd]
eucalipto (m)	eukalyptus (en)	[euka'lʲyptus]
sequoia (f)	sequoia (en)	[sek'vɔja]

143. Arbustos

arbusto (m)	buske (en)	['buskə]
arbusto (m), moita (f)	buske (en)	['buskə]

videira (f)	vinranka (en)	['vin,raŋka]
vinhedo (m)	vingård (en)	['vin,goːd]
framboeseira (f)	hallonsnår (ett)	['halʲɔn,snoːr]
groselheira-negra (f)	svarta vinbär (ett)	['svaːʈa 'vinbæːr]
groselheira-vermelha (f)	röd vinbärsbuske (en)	['røːd 'vinbæːʂ,buskə]
groselheira (f) espinhosa	krusbärsbuske (en)	['krʉːsbæːʂ,buskə]
acácia (f)	akacia (en)	[a'kasia]
bérberis (f)	berberis (en)	['bɛrberis]
jasmim (m)	jasmin (en)	[has'min]
junípero (m)	en (en)	['en]
roseira (f)	rosenbuske (en)	['rʉsən,buskə]
roseira (f) brava	stenros, hundros (en)	['stenrʉs], ['hundrʉs]

144. Frutos. Bagas

fruta (f)	frukt (en)	['frʉkt]
frutas (f pl)	frukter (pl)	['frʉktər]
maçã (f)	äpple (ett)	['ɛplʲe]
pera (f)	päron (ett)	['pæːrɔn]
ameixa (f)	plommon (ett)	['plʲʉmɔn]
morango (m)	jordgubbe (en)	['jʉːd̥,gubə]
ginja (f)	körsbär (ett)	['ɕøː:ʂ,bæːr]
cereja (f)	fågelbär (ett)	['foːgəlʲ,bæːr]
uva (f)	druva (en)	['drʉːva]
framboesa (f)	hallon (ett)	['halʲɔn]
groselha (f) negra	svarta vinbär (ett)	['svaːʈa 'vinbæːr]
groselha (f) vermelha	röda vinbär (ett)	['røːda 'vinbæːr]
groselha (f) espinhosa	krusbär (ett)	['krʉːs,bæːr]
oxicoco (m)	tranbär (ett)	['tran,bæːr]
laranja (f)	apelsin (en)	[apɛlʲ'sin]
tangerina (f)	mandarin (en)	[manda'rin]
abacaxi (m)	ananas (en)	['ananas]
banana (f)	banan (en)	['banan]
tâmara (f)	dadel (en)	['dadəlʲ]
limão (m)	citron (en)	[si'trʉn]
damasco (m)	aprikos (en)	[apri'kʉs]
pêssego (m)	persika (en)	['pɛʂika]
quiuí (m)	kiwi (en)	['kivi]
toranja (f)	grapefrukt (en)	['grɛjp,frʉkt]
baga (f)	bär (ett)	['bæːr]
bagas (f pl)	bär (pl)	['bæːr]
arando (m) vermelho	lingon (ett)	['liŋɔn]
morango-silvestre (m)	skogssmultron (ett)	['skʉgs,smulʲtrɔːn]
mirtilo (m)	blåbär (ett)	['blʲoː,bæːr]

145. Flores. Plantas

flor (f)	blomma (en)	['blʲʊma]
buquê (m) de flores	bukett (en)	[bʉ'kɛt]
rosa (f)	ros (en)	['rʊs]
tulipa (f)	tulpan (en)	[tulʲ'pan]
cravo (m)	nejlika (en)	['nɛjlika]
gladíolo (m)	gladiolus (en)	[glʲadi'ɔlʉ:s]
centáurea (f)	blåklint (en)	['blʲo:ˌklint]
campainha (f)	blåklocka (en)	['blʲo:ˌklʲɔka]
dente-de-leão (m)	maskros (en)	['maskrʊs]
camomila (f)	kamomill (en)	[kamɔ'milʲ]
aloé (m)	aloe (en)	['alʲʊe]
cacto (m)	kaktus (en)	['kaktus]
fícus (m)	fikus (en)	['fikus]
lírio (m)	lilja (en)	['lilja]
gerânio (m)	geranium (en)	[je'ranium]
jacinto (m)	hyacint (en)	[hya'sint]
mimosa (f)	mimosa (en)	[mi'mɔ:sa]
narciso (m)	narciss (en)	[nar'sis]
capuchinha (f)	blomsterkrasse (en)	['blʲɔmstərˌkrasə]
orquídea (f)	orkidé (en)	[ɔrki'de:]
peônia (f)	pion (en)	[pi'ʊn]
violeta (f)	viol (en)	[vi'ʊlʲ]
amor-perfeito (m)	styvmorsviol (en)	['styvmʊrs vi'ʊlʲ]
não-me-esqueças (m)	förgätmigej (en)	[føˌrʲæt mi 'gej]
margarida (f)	tusensköna (en)	['tʉ:sənˌhʲø:na]
papoula (f)	vallmo (en)	['valʲmʊ]
cânhamo (m)	hampa (en)	['hampa]
hortelã, menta (f)	mynta (en)	['mʏnta]
lírio-do-vale (m)	liljekonvalje (en)	['lilje kʊn 'valjə]
campânula-branca (f)	snödropp (en)	['snø:ˌdrop]
urtiga (f)	nässla (en)	['nɛslʲa]
azedinha (f)	syra (en)	['syra]
nenúfar (m)	näckros (en)	['nɛkrʊs]
samambaia (f)	ormbunke (en)	['ʊrmˌbuŋkə]
líquen (m)	lav (en)	['lʲav]
estufa (f)	drivhus (ett)	['drivˌhʉs]
gramado (m)	gräsplan, gräsmatta (en)	['grɛsˌplan], ['grɛsˌmata]
canteiro (m) de flores	blomsterrabatt (en)	['blʲɔmstərˌrabat]
planta (f)	växt (en)	['vɛkst]
grama (f)	gräs (ett)	['grɛ:s]
folha (f) de grama	grässtrå (ett)	['grɛ:sˌstro:]

folha (f)	löv (ett)	['lʲøːv]
pétala (f)	kronblad (ett)	['krɔn,blʲad]
talo (m)	stjälk (en)	['ɧɛlʲk]
tubérculo (m)	rotknöl (en)	['rʊt,knøːlʲ]

| broto, rebento (m) | ung planta (en) | ['ʊŋ 'planta] |
| espinho (m) | törne (ett) | ['tøːnə] |

florescer (vi)	att blomma	[at 'blʲʊma]
murchar (vi)	att vissna	[at 'vɪsna]
cheiro (m)	lukt (en)	['lʉkt]
cortar (flores)	att skära av	[at 'ɧæːra av]
colher (uma flor)	att plocka	[at 'plʲɔka]

146. Cereais, grãos

grão (m)	korn, spannmål (ett)	['kʊːn̩], ['span,moːlʲ]
cereais (plantas)	spannmål (ett)	['span,moːlʲ]
espiga (f)	ax (ett)	['aks]

trigo (m)	vete (ett)	['vetə]
centeio (m)	råg (en)	['roːg]
aveia (f)	havre (en)	['havrə]
painço (m)	hirs (en)	['hyʂ]
cevada (f)	korn (ett)	['kʊːn̩]

milho (m)	majs (en)	['majs]
arroz (m)	ris (ett)	['ris]
trigo-sarraceno (m)	bovete (ett)	['bʊ,vetə]

ervilha (f)	ärt (en)	['æːt]
feijão (m) roxo	böna (en)	['bøna]
soja (f)	soja (en)	['sɔja]
lentilha (f)	lins (en)	['lins]
feijão (m)	bönor (pl)	['bønʊr]

PAÍSES. NACIONALIDADES

147. Europa Ocidental

Europa (f)	Europa	[eu'rupa]
União (f) Europeia	Europeiska unionen	[euru'peiska un'junən]
Áustria (f)	Österrike	['œstɛˌrikə]
Grã-Bretanha (f)	Storbritannien	['sturˌbri'taniən]
Inglaterra (f)	England	['ɛŋlʲand]
Bélgica (f)	Belgien	['bɛlʲgiən]
Alemanha (f)	Tyskland	['tʏsklʲand]
Países Baixos (m pl)	Nederländerna	['nedɛːˌlʲɛndɛːŋa]
Holanda (f)	Holland	['hɔlʲand]
Grécia (f)	Grekland	['greklʲand]
Dinamarca (f)	Danmark	['daŋmark]
Irlanda (f)	Irland	['ilʲand]
Islândia (f)	Island	['islʲand]
Espanha (f)	Spanien	['spaniən]
Itália (f)	Italien	[i'taliən]
Chipre (m)	Cypern	['sʏpɛːŋ]
Malta (f)	Malta	['malʲta]
Noruega (f)	Norge	['nɔrjə]
Portugal (m)	Portugal	['pɔːtugalʲ]
Finlândia (f)	Finland	['finlʲand]
França (f)	Frankrike	['fraŋkrikə]
Suécia (f)	Sverige	['svɛrijə]
Suíça (f)	Schweiz	['ʃvɛjts]
Escócia (f)	Skottland	['skɔtlʲand]
Vaticano (m)	Vatikanstaten	[vati'kanˌstatən]
Liechtenstein (m)	Liechtenstein	['lihtənstajn]
Luxemburgo (m)	Luxemburg	['lʉksəmˌburj]
Mônaco (m)	Monaco	['mɔnakɔ]

148. Europa Central e de Leste

Albânia (f)	Albanien	[alʲ'baniən]
Bulgária (f)	Bulgarien	[bʉlʲ'gariən]
Hungria (f)	Ungern	['uŋɛːŋ]
Letônia (f)	Lettland	['lʲetlʲand]
Lituânia (f)	Litauen	[li'tauən]
Polônia (f)	Polen	['pɔlʲen]

Romênia (f)	Rumänien	[rʉ'mɛ:niən]
Sérvia (f)	Serbien	['sɛrbiən]
Eslováquia (f)	Slovakien	[slʲɔ'vakiən]

Croácia (f)	Kroatien	[krʊ'atiən]
República (f) Checa	Tjeckien	['çɛkiən]
Estônia (f)	Estland	['ɛstlʲand]

Bósnia e Herzegovina (f)	Bosnien-Hercegovina	['bɔsniən hɛrsəgɔ'vina]
Macedônia (f)	Makedonien	[make'dʊniən]
Eslovênia (f)	Slovenien	[slʲɔ'veniən]
Montenegro (m)	Montenegro	['mɔntəˌnɛgrʊ]

149. Países da ex-URSS

| Azerbaijão (m) | Azerbajdzjan | [asɛrbaj'dʒʲan] |
| Armênia (f) | Armenien | [ar'meniən] |

Belarus	Vitryssland	['vitˌrʏslʲand]
Geórgia (f)	Georgien	[je'ɔrgiən]
Cazaquistão (m)	Kazakstan	[ka'sakˌstan]
Quirguistão (m)	Kirgizistan	[kir'gisiˌstan]
Moldávia (f)	Moldavien	[mʊlʲ'daviən]

| Rússia (f) | Ryssland | ['rʏslʲand] |
| Ucrânia (f) | Ukraina | [u'krajna] |

Tajiquistão (m)	Tadzjikistan	[ta'dʒikiˌstan]
Turquemenistão (m)	Turkmenistan	[turk'meniˌstan]
Uzbequistão (f)	Uzbekistan	[us'bekiˌstan]

150. Asia

Ásia (f)	Asien	['asiən]
Vietnã (m)	Vietnam	['vjɛtnam]
Índia (f)	Indien	['indiən]
Israel (m)	Israel	['israɛlʲ]

China (f)	Kina	['çina]
Líbano (m)	Libanon	['libanɔn]
Mongólia (f)	Mongoliet	[mʊngʊ'liet]

| Malásia (f) | Malaysia | [ma'lʲajsia] |
| Paquistão (m) | Pakistan | ['pakiˌstan] |

Arábia (f) Saudita	Saudiarabien	['saudi a'rabiən]
Tailândia (f)	Thailand	['tajlʲand]
Taiwan (m)	Taiwan	[taj'van]
Turquia (f)	Turkiet	[turkiet]
Japão (m)	Japan	['japan]
Afeganistão (m)	Afghanistan	[af'ganiˌstan]
Bangladesh (m)	Bangladesh	[banglʲa'dɛʃ]

| Indonésia (f) | Indonesien | [indʊˈnesiən] |
| Jordânia (f) | Jordanien | [jʊːˈd̪aniən] |

Iraque (m)	Irak	[iˈrak]
Irã (m)	Iran	[iˈran]
Camboja (f)	Kambodja	[kamˈbɔdja]
Kuwait (m)	Kuwait	[kʊˈvajt]

Laos (m)	Laos	[ˈlʲaɔs]
Birmânia (f)	Myanmar	[ˈmjanmar]
Nepal (m)	Nepal	[neˈpalʲ]
Emirados Árabes Unidos	Förenade arabrepubliken	[føˈrenadə aˈrab repubˈlikən]

Síria (f)	Syrien	[ˈsyriən]
Palestina (f)	Palestina	[palʲeˈstina]
Coreia (f) do Sul	Sydkorea	[ˈsydˌkʊˈrea]
Coreia (f) do Norte	Nordkorea	[ˈnʊːd̪ kʊˈrea]

151. América do Norte

Estados Unidos da América	Amerikas Förenta Stater	[aˈmɛrikas føˈrɛnta ˈstatər]
Canadá (m)	Kanada	[ˈkanada]
México (m)	Mexiko	[ˈmɛksikɔ]

152. América Central do Sul

Argentina (f)	Argentina	[argɛnˈtina]
Brasil (m)	Brasilien	[braˈsiliən]
Colômbia (f)	Colombia	[kɔˈlʲʊmbia]
Cuba (f)	Kuba	[ˈkʊːba]
Chile (m)	Chile	[ˈɕiːlʲe]

Bolívia (f)	Bolivia	[bʊˈlivia]
Venezuela (f)	Venezuela	[venesuˈɛlʲa]
Paraguai (m)	Paraguay	[paragˈwaj]
Peru (m)	Peru	[pɛˈrʉ]
Suriname (m)	Surinam	[ˈsʉriˌnam]
Uruguai (m)	Uruguay	[ʉrugˈwaj]
Equador (m)	Ecuador	[ɛkvaˈdʊr]
Bahamas (f pl)	Bahamas	[baˈhamas]
Haiti (m)	Haiti	[haˈiti]

República Dominicana	Dominikanska republiken	[dɔminiˈkanska repuˈblikən]
Panamá (m)	Panama	[ˈpanama]
Jamaica (f)	Jamaica	[jaˈmajka]

153. Africa

| Egito (m) | Egypten | [eˈjyptən] |
| Marrocos | Marocko | [maˈrɔkʊ] |

Tunísia (f)	Tunisien	[tʉ'nisiən]
Gana (f)	Ghana	['gana]
Zanzibar (m)	Zanzibar	['sansibar]
Quênia (f)	Kenya	['kenja]
Líbia (f)	Libyen	['libiən]
Madagascar (m)	Madagaskar	[mada'gaskar]

Namíbia (f)	Namibia	[na'mibia]
Senegal (m)	Senegal	[sene'galʲ]
Tanzânia (f)	Tanzania	[tansa'nija]
África (f) do Sul	Republiken Sydafrika	[repu'bliken 'syd͵afrika]

154. Austrália. Oceania

| Austrália (f) | Australien | [au'straliən] |
| Nova Zelândia (f) | Nya Zeeland | ['nya 'se:lʲand] |

| Tasmânia (f) | Tasmanien | [tas'maniən] |
| Polinésia (f) Francesa | Franska Polynesien | ['franska polʲy'nesiən] |

155. Cidades

Amesterdã, Amsterdã	Amsterdam	['amstə͵dam]
Ancara	Ankara	['aŋkara]
Atenas	Aten	[a'ten]
Bagdade	Bagdad	['bagdad]
Bancoque	Bangkok	['baŋkɔk]

Barcelona	Barcelona	[barsə'lʲɔna]
Beirute	Beirut	['bejrut]
Berlim	Berlin	[bɛr'lin]
Bonn	Bonn	['bɔn]
Bordéus	Bordeaux	[bɔ'dɔː]

Bratislava	Bratislava	[brati'slʲava]
Bruxelas	Bryssel	['brysəlʲ]
Bucareste	Bukarest	['bʉkarɛst]
Budapeste	Budapest	['bʉdapɛst]
Cairo	Kairo	['kajrʉ]

Calcutá	Kalkutta	[kalʲ'kʉta]
Chicago	Chicago	[ɕi'kagʉ]
Cidade do México	Mexico City	['mɛksikɔ 'siti]
Copenhague	Köpenhamn	['ɕøːpɛn͵hamn]
Dar es Salaam	Dar es-Salaam	[dar ɛs sa'lʲam]

Deli	New Delhi	[nju 'dɛlʲi]
Dubai	Dubai	[dʉ'baj]
Dublim	Dublin	['dablin]
Düsseldorf	Düsseldorf	['dʉsəlʲ͵dɔrf]
Estocolmo	Stockholm	['stɔkɔlʲm]
Florença	Florens	['flʲørɛns]

Frankfurt	**Frankfurt**	['fraŋkfɐ:t]
Genebra	**Genève**	[ʒe'nɛv]
Haia	**Haag**	['ha:g]
Hamburgo	**Hamburg**	['hambɐrj]
Hanói	**Hanoi**	[ha'nɔj]
Havana	**Havanna**	[ha'vana]
Helsinque	**Helsingfors**	['hɛlˡsiŋˌfɔ:ʂ]
Hiroshima	**Hiroshima**	[hirɔ'ʃima]
Hong Kong	**Hongkong**	['hɔŋˌkɔŋ]
Istambul	**Istanbul**	['istambɐlˡ]
Jerusalém	**Jerusalem**	[je'rɐsalˡem]
Kiev, Quieve	**Kiev**	['kiev]
Kuala Lumpur	**Kuala Lumpur**	[ku'alˡa 'lɐmpɐ:r]
Lion	**Lion**	[li'ɔn]
Lisboa	**Lissabon**	['lisabɔn]
Londres	**London**	['lˡɔndɔn]
Los Angeles	**Los Angeles**	[lˡɔs 'aŋəlˡes]
Madrid	**Madrid**	[ma'drid]
Marselha	**Marseille**	[ma'ʂɛj]
Miami	**Miami**	[ma'jami]
Montreal	**Montreal**	[mɔntre'ɔlˡ]
Moscou	**Moskva**	[mɔ'skva]
Mumbai	**Bombay**	[bɔm'bɛj]
Munique	**München**	['mɐnɧən]
Nairóbi	**Nairobi**	[naj'rɔ:bi]
Nápoles	**Neapel**	[ne'apəlˡ]
Nice	**Nice**	['nis]
Nova York	**New York**	[nju 'jork]
Oslo	**Oslo**	['ɵslˡɵ]
Ottawa	**Ottawa**	['ɔtava]
Paris	**Paris**	[pa'ris]
Pequim	**Peking**	['pekiŋ]
Praga	**Prag**	['prag]
Rio de Janeiro	**Rio de Janeiro**	['riɵ de ʃa'nɛjrɵ]
Roma	**Rom**	['rɔm]
São Petersburgo	**Sankt Petersburg**	['saŋkt 'peteʂˌburj]
Seul	**Söul**	[sœulˡ]
Singapura	**Singapore**	['siŋapɵr]
Sydney	**Sydney**	['sidni]
Taipé	**Taipei**	[taj'pɛj]
Tóquio	**Tokyo**	['tɔkiɵ]
Toronto	**Toronto**	[tɔ'rɔntɵ]
Varsóvia	**Warszawa**	[va:'ʂava]
Veneza	**Venedig**	[ve'nedig]
Viena	**Wien**	['ve:n]
Washington	**Washington**	['wɔʃiŋtɔn]
Xangai	**Shanghai**	[ʃan'haj]

www.ingramcontent.com/pod-product-compliance
Lightning Source LLC
LaVergne TN
LVHW051740080426
835511LV00018B/3167